서정시 동서고금 모두 하나 1

실향의 노래

조 동 일

계명대학교, 영남대학교, 한국정신문화연구원,
서울대학교 교수, 계명대학교 석좌교수 역임.
현재 서울대학교 명예교수.
대한민국 학술원 회원.

《한국소설의 이론》,《하나이면서 여럿인 동아시아문학》,
《세계문학사의 전개》등 저서 50여 종.

서정시 동서고금 모두 하나 1

실향의 노래

초판 1쇄 발행 2016. 11. 25.
초판 1쇄 발행 2016. 11. 30.

지은이   조 동 일
펴낸이   김 경 희
펴낸곳   내마음의 바다
         본사 ● 03044, 서울시 종로구 자하문로6길 18-7
              전화 (02) 734-1978 팩스 (02) 720-7900
         파주사무소 ● 10881, 경기도 파주시 광인사길 53
              전화 (031) 955-4226~7 팩스 (031) 955-4228
한글문패 내마음의 바다
영문문패 www.jisik.co.kr
전자우편 jsp@jisik.co.kr
등록번호 제 300-2003-114호
등록날짜 2003. 6. 18.

책값은 뒤표지에 있습니다.

ⓒ 조동일, 2016
ISBN 978-89-423-9016-8(04800)
ISBN 978-89-423-9015-1(전6권)

서정시 동서고금 모두 하나 1

실향의 노래

조 동 일

내마음의 바다

머 리 말

서정시는 누구나 동경하는 마음의 고향이다. 고향을 다시 찾아가는 감격을 독자와 함께 누리려고 이 책을 쓴다. 타향살이의 비애를 말끔히 씻어내고, 고향에서 뛰놀던 동심으로 되돌아가자.

서정시는 동서고금 모두 하나이다. 그런데 세계가 한 집안이된 지금에도 언어에 따라 구분되고 전공자가 각기 따로 있어, 서로 소통되지 않는다. 오랜 인습을 타파하고 장벽을 헐어 인류가 이룩한 명작을 한 자리에 모아 커다란 꽃동산을 만들려고한다.

고등학교 시절에 시 짓는 것을 즐거움으로 삼고, 대학에서불문학을 전공하면서 상징주의 시에 심취했다. 그 시절에 키운 서정시에 대한 애정을 이번 작업에서 살리면서, 뒤로 돌아가 앞으로 나아가려고 한다. 상징주의 시를 시가 되게 번역해공감을 나누고 싶은 소망을 오랫동안 간직하다가 이제야 조금실현한다. 다른 여러 외국의 시도 정성껏 번역하려고 한다.

국문학 연구에 종사하면서 여러 분야를 다루느라고 서정시를 제대로 돌보지 못한 아쉬움을 달래는 데도 힘쓴다. 《소설의 사회사 비교론》을 보란 듯이 내놓고 소설을 편애한 잘못도바로잡고 시정하고 싶다. 세계문학을 탐구하면서 얻은 식견을활용해 동서고금의 명시를 널리 모아 누구나 참여할 수 있는서정시의 향연을 마련한다. 우리 주변에서 흔히 볼 수 있는 작품에서도 보물을 발견해 함께 내놓는다.

논문 작법의 구속에서 벗어나 자유를 누리고자 한다. 어려운 작품이라도 누구나 알아볼 수 있게 번역하고 풀이하려고 한다. 연구를 한답시고 밖에서 구경이나 하는 잘못을 청산하고,

안에 들어가 느끼는 감격을 공유하고자 한다. 발견하고 생각한 바를 성가신 절차를 거치지 않고 바로 펼쳐보이고자 한다.

　〈무엇을 하는가〉라고 한 서장에서 조금은 성가신 논의를 편다. 이치를 따지다가 시 이해를 방해하지 않을까 염려된다. 공연한 간섭이라고 생각되면, 읽지 말고 건너뛰어도 된다. 작품이 기다리고 있어 아무 선입견 없이 바로 만나면 된다.

차 례

9

무엇을 하려는가?

서정시는 어디서나 서정시이다. 지역, 나라, 언어, 종교 등의 여러 차이점을 넘어서서 공통된 발상을 보여준다. 이런 착상을 작업가설로 삼고 출발해, 멀리까지 나다니는 오랜 여행을 하면서 타당성을 입증하고자 한다. 이질적이라고 생각되는 작품을 다양하게 포괄하면 공통점이 더욱 분명해질 것으로 기대한다.

이 책에서는 《소설의 사회사 비교론》에서 소설을 다룬 것과 비슷한 비중을 가진 작업을 대조의 방법으로 한다. 서사의 본보기인 소설은 변이 과정을 주목하면서 다원체로 고찰해야 온전하게 이해할 수 있었다. 서정의 특징을 보여주는 서정시는 같은 양상을 반복해 보여주는 단일체라는 점을 더욱 중요시하는 것이 마땅하다고 생각한다.

서정과 서사는 어느 시대에나 있는 큰 갈래이다. 서정에서 서정시라는 작은 갈래가 구현된 것은 확인하기 어려운 오래 전의 일이고, 서정시가 중세 동안 그 시대의 이상주의 사고와 부합되어 위세를 떨친 두 가지 이유가 있어, 서정이라는 큰 갈래는 서정시가 그 자리를 차지해 없어진 것으로 생각하게 되었다. 작은 갈래 서정시를 다루는 서정시론이 큰 갈래 서정에 관한 논의를 독점한다.

큰 갈래 서사가 구체화된 작은 갈래는 신화, 서사시, 전설, 민담, 야담, 소설 등으로 나타났으며, 각기 그 나름대로의 역사적 위치와 기능이 있다. 중세에서 근대로의 이행기에 출현한 소설이 근대에는 서사문학의 주역으로 자리 잡고 시장경제와 더불어 크게 번성해, 서정시의 우위를 무너뜨리고 경쟁해서 이기려고 한다. 서정시와 소설은 나이나 신분에서 상당한 차이가 있으나, 오늘날 문학의 대표적인 갈래로 양립해 있어 비교고찰과 상호해명이 필요하다.

신라의 고승 의상(義湘)이 명확하게 정리한 불교의 화엄철학에서는 "一卽多 多卽一"이라고 한다. "하나가 여럿이고, 여럿이 하나이다"라는 것이다. 이 말을 가져오면 소설과 서정시의 차이를 명확하게 할 수 있다. 소설이 "一卽多"이라면, 서정시는 "多卽一"이다. "一卽多"인 소설은 사람은 누구나 사람이면서 얼마나 다르게 사는지 보여준다. "多卽一"인 서정시는 각기 다른 사람들이 같은 생각을 하는 것을 알려준다. "一卽多"는 "多"를 향해 나아가는 원심력을, "多卽一"은 "一"로 모여드는 구심력을 보여준다.

서사인 소설은 자아와 세계의 대결이라고 하고, 서정시는 세계의 自我化라고 해왔다. 두 견해를 합쳐보자. 소설은, 사람이 다 같은 사람이라도 자아와 세계의 대결을 시간과 장소에 따라 다양하게 겪는 체험을, 갈래 자체의 변천을 심각하게 겪으면서 보여준다. 서정시는 세계의 모습이 아무리 서로 달라도 그대로 두지 않고 자아화해 자아 깊숙이 있는 속마음은 하나인 것을 보여주는 데 이용한다.

여기에 생극론(生克論)을 보태 논의를 진전시킬 필요가 있다. 생극론은 "상생이 상극이고, 상극이 상생이다"라고 한다. "一卽多"나 "자아와 세계의 대결"인 소설은 상생이 상극임을 말해준다. "多卽一"이나 "세계의 자아화"인 서정시는 상극이 상생임을 말해준다. 이러한 사실을 확인하려면 작품을 들어 고찰하는 방법이 달라야 한다.

소설에 관한 논의에서는 각기 다른 삶을 보여주는 되도록 많은 작품을 찾아 멀리까지 나아가면서 문학의 원심력을 확인해야 한다. 서정시를 고찰할 때에는 소수의 뛰어난 작품에서 사람은 누구나 하고 있는 같은 생각을 찾아내 문학의 구심력을 발견해야 한다. 사람은 누구나 사람이면서 다양하고 복잡한 상극관계에서 살고 있는 것을 치열하게 보여주면 훌륭한 소설이다. 상이한 시공에서 서로 알아들을 수 없는 언어로 나타낸 각기 다른 생각이 상생관계를 이루어 크게 하나임을 알려주는 작품이 뛰어난 서정시이다.

서정시가 "多卽一"인 것을 밝히려고 이 책을 쓴다. 이 말을 제목에서 어떻게 나타내야 할지 몰라 고민했다. "多卽一"은 너무 생소해 풀이해야 한다. "서정시에서는 많음이 하나이다"라고 하면 말이 어색하다. "서정시는 많은 것이 하나이다"라고 하면 뜻이 축소된다. "서정시는 모두 하나이다"라고 하는 것이 가장 적합하다.

"서정시 동서고금 모두 하나"라고 하니 말을 하다가 만 것 같다. 체언만 있고 용언은 생략했으므로 보충해보자. 앞은 "서정시는 동서고금에 이루어진 것들이", "서정시는 동서고금의 구분을 넘어서", "서정시는 동서고금의 차이가 있어도"일 수 있다. 뒤는 "모두 하나이다", "모두 하나로 이어진다", "모두 하나로 이해된다"일 수 있다. 앞뒤의 말을 연결시키면 아홉 가지 진술이 생겨난다. 그 가운데 어느 것이 타당한가? 모두 타당한가? 이런 의문을 지니고 앞으로 나아간다.

서정시는 모두 하나이므로 한 자리에 모아 합치면 커다란 작품 한 편이 된다. 인류는 지금까지 서정시 한 편을 거대한 규모로 이룩하는 작업을 시간과 장소가 다른 곳에서 서로 다른 언어를 사용하면서 각기 자기 나름대로 했다. 서정시를 모아 한 편이게 하는 것은 생각하기 쉬우나 실행이 어렵다. 어렵다고 해서 포기할 것은 아니고, 가능한 범위 안에서 시도하기로 한다. 세계 어디에도 전례가 없는 일을 힘써 한다.

포괄의 범위 못지않게 이해의 심도가 요긴하다. 시는 작품 자체로 받아들여야 한다. 작자, 시대, 주변 상황 등에 관한 지식을 이해의 근거로 삼지는 말아야 한다. 이렇게 하는 것만으로는 모자란다. 작품 한 편이 절대적이라고 여기고 그 자체로 고찰하는 데 그치면 시야가 좁아진다. 여러 작품을 견주어 살피면서 서로 비추어보면 이해가 확대되고 심화된다. 그런 작품을 시공의 거리가 멀어 직접적인 연관이 없는 것들에서 고르면 얻는 바가 더 크다.

소설은 번역본도 다루었으나 서정시는 원문을 읽어야 제대로 이해할 수 있다. 감당할 능력이 있는 한국어, 한문, 중국어, 일본어, 영어, 불어, 독어, 이 일곱 언어를 사용한 작품에서만 예증을 찾는다. 한시, 영시나 불시는 작자의 국적이 다양하다. 이 밖의 다른 많은 언어는 알지 못하는 무식을 개탄해도 소용이 없다. 할 수 있는 일을 잘 하면 속죄할 수 있다고 믿는다.

작품 원문을 존중한다. 구두점은 손대지 않고 없는 것은 그대로 둔다. 원문에 구두점이 없는 외국시라도 번역에서는 구두점을 찍는다. 우리 고시는 현대역을 하고, 근현대시도 오늘날의 표기법으로 고쳐 적는다. 외국의 오래 된 시도 현대 표기를 한 것을 이용한다. 異本에 따라 말이 다른 작품은 널리 인정되는 것 또는 좋나고 생각되는 것을 택한다.

한국어가 아닌 모든 언어의 시는 번역한다. 시 번역은 원문의 뜻을 전하면서 시로 읽고 즐길 수 있는 결과를 얻어야 하므로 이중의 난관이 있다. 두 작업이 상충될 때에는 적절한 것에서 절충을 하는 지혜가 필요하다. 번역은 원문인 악보를 연주하는 것과 같다는 말이 있다. 내 나름대로 좋은 연주를 하기를 바라고 평가를 청한다. 번역에 관한 설명은 꼭 필요한 것만 하고, 너무 장황해 독서의 즐거움을 해치지 않도록 경계한다.

책이 여섯 권으로 늘어났다. 《1 실향의 노래》, 《2 이별의 노래》, 《3 유랑의 노래》, 《4 위안의 노래》, 《5 자성의 노래》, 《6 항변의 노래》가 각 권의 주제이고 표제이다. 시인이 고향을 잃고, 사랑하는 사람과 이별해 한탄하는 것이 출발점이다. 먼 곳으로 가서 유랑하고, 시에서 위안을 얻는 것이 그 다음 순서이다. 시인 노릇에 대한 자성, 그릇된 세상을 바로잡으려고 하는 항변이 뒤따른다.

제1장
실향시 들머리

이백(李白), 〈고요한 밤의 생각(靜夜思)〉

床前明月光
疑是地上霜
擧頭望明月
低頭思故鄉

침상 앞에 밝은 달 빛나
땅 위의 서리인가 싶다.
머리 들어 밝은 달 보고
머리 숙여 고향을 생각.

　중국 당나라의 시인 이백이 이런 시를 지었다. 멀리 떠나 방황하다가 가을 날 밝은 달을 보고 고향을 생각했다. 실향은 동서고금 서정시의 보편적인 주제이므로, 이 작품을 서두로 삼아 먼저 다룬다.

　서두에서 결말까지 시간의 진행과 함께 나아가면서 세계와 자아의 관계, 세계의 자아화가 달라지는 양상을 보여주었다. 세계와 자아의 관계가 변하고, 세계의 자아화가 이루어져야 서정시가 성립된다. 그 과정을 극명하게 나타낸 이 작품을 서정시의 모형으로 삼을 만하다.

　제1·3행에서는 달을, 제2·4행에서는 달에 대한 생각을 말했다. 제1·3행은 세계이고, 제2·4행은 세계의 자아화이다. 제1행에서는 달이 비치는 것을 모르고 있다가 발견했다. 제3행에서는 머리를 들면서 달을 바라보았다. 제1행은 다가와 알게 된 세계이고, 제3행은 나아가 파악한 세계이다.

　제2행에서는 달빛이 서리와 같다고 생각했다. 제4행에서는 달빛을 보고 달과는 직접 관련이 없는 고향을 생각했다. 제2연은 세계 자아화의 일차·소극적, 제4연은 세계 자아화의 이차·적극적 작업이다. 제2행에서는 세계 자아화가 일차·소극적으로, 제4행에서는 세계 자아화가 이차·적극적으로 이루어졌다. 제2행에서 세계 자아화의 일차·소극적 작업을 머리를 들어 할 때에는 밝은 달을 마음속으로 받아들여 만족을 느낀다는 것을 암시하고, 제4행에서 머리를 숙여 세계 자아화의 이차·적극적 작업을 이룩하고 고향 상실의 아쉬움을 말했다.

제1행 다가와 알게 된 세계, 제2행 세계 자아화의 일차·소극적 작업, 제3행 나아가 알게 된 세계, 제4행 세계 자아화의 이차·적극적 작업을 거쳐, 밝음이 어둠으로, 만족이 상실로 바뀌는 전환이 나타났다. 어둠과 상실이 잠재되었다가 전면으로 확대되었다. 달을 보고 만족하다가 고향 상실의 아쉬움을 말하는 데 이르렀다. 밖에서 달이 밝을수록 고향을 상실한 내면의 어둠이 더 짙다.

고향 상실은 결핍의 하나이다. 시인은 결핍 때문에, 결핍을 보완하려고 서정시를 쓴다. 고향 상실을 말하면서 결핍을 나타내는 서정시가 흔하다.

휠덜린 Friedrich Hölderlin, 〈**고향** Die Heimat〉

Froh kehrt der Schiffer heim an den stillen Strom
Von fernen Inseln, wo er geerntet hat;
Wohl möcht auch ich zur Heimat wieder;
Aber was hab ich, wie Leid, geerntet? –

Ihr holden Ufer, die ihr mich auferzogt,
Stillt ihr der Liebe Leiden? ach! gebt ihr mir,
Ihr Wälder meiner Kindheit, wann ich
Komme, die Ruhe noch Einmal wieder?

뱃사람은 먼 섬에서 얻은 것 있어
고요한 물결에 집으로 돌아간다.
나도 고향으로 돌아가고 싶지만,

괴로움이 아닌 무엇을 얻었는가?

나를 키워주던 그대 거룩한 강가여,
사랑의 괴로움을 진정시켜주겠나.
어린 시절의 숲이여, 돌아가면
나를 다시 편안하게 해주겠나?

휠덜린은 독일 낭만주의 시인이다. 독일어에는 고향을 뜻하는 말 "Heimat"가 있다. 이 말을 표제로 한 많은 시 가운데 널리 알려진 것을 든다. 휠덜린은 같은 제목의 시를 둘 썼다. 둘 가운데 짧은 것을 택한다.

이 시는 이백, 〈고요한 밤의 생각〉과 떠나온 것이 불행이라고 하고 고향을 생각하는 점이 같다. 고향을 떠나 무엇이 불행한지 말하고 고향으로 돌아가 위안을 얻고자 한다고 한 점이 다르다. 다른 사람과 자기를 비교하는 것이 추가된 사항이다.

제1연에서는 고향에 돌아가야 할 이유를, 제2연에서는 고향에서 기대하는 바를 말했다. 제1연에서는 뱃사람과 견주어 자기의 불행을 말했다. 고기잡이를 하러 나갔다가 얻은 것이 있어 만족스럽게 집으로 돌아가는 뱃사람을 들어, 예사 사람의 삶과 자기의 비정상이 너무 다르다고 했다. 자기는 괴로움 외에는 얻은 것이 없다고 탄식했다. 제2연에서는 사랑의 괴로움을 견딜 수 없어 고향으로 돌아가고 싶다고 말했다. 다른 사람들과 자기는 처지가 다르고, 돌아가는 이유도 상반된다. 고향으로 돌아가면 어린 시절에 놀던 강가와 숲이 괴로움을 진정시켜 마음을 다시 편안하게 해 줄 것인지 물었다.

버니트Dana Burnet, 〈고향The Homeland〉

My land was the west land; my home was on the hill,
I never think of my land but it makes my heart to thrill;

I never smell the west wind that blows the golden skies,
But old desire is in my feet and dreams are in my eyes.

My home crowned the high land; it had a stately grace.
I never think of my land but I see my mother's face;
I never smell the west wind that blows the silver ships
But old delight is in my heart and mirth is on my lips.

My land was a high land; my home was near the skies.
I never think of my land but a light is in my eyes;
I never smell the west wind that blows the summer rain...
But I am at my mother's knee, a little lad again.

내 고향은 서쪽 나라, 언덕 위에 집이 있었네.
그곳 생각을 하지 않아도 마음 설레기만 하네.
금빛 하늘 서쪽 바람 내음 다시 맡지 못해도
오랜 소망이 다리를 움직이고, 눈에 꿈이 서리네.

내 집은 자랑스러운 모습으로 높은 곳에 있었네.
고향 생각 하지 않으려 해도 어머니 얼굴이 보이네.
은빛 배 서쪽 바람 내음 다시 맡지 못해도
오랜 즐거움이 가슴에, 입술에는 웃음이 떠도네.

내 고향은 산 높은 곳, 집이 하늘 가까이 있었네.
그 곳 생각 하지 않아도 내 눈에는 빛이 도네
여름 비 서쪽 바람 내음 다시 맡지 못해도
어머니 무릎에 안긴 어린 아이로 되돌아가네.

　　버니트는 미국 현대시인이다. 실향을 아쉬워하는 시를 미국
현대시인도 지었다. 시대가 다르고 말은 서로 통하지 않아도,
동서고금의 시인이 같은 생각을 하는 것을 알 수 있다.
　　영어에는 'homeland'라는 말이 있다. 'homeland'는 'home'

과 'land'를 합친 복합어이며, '고향'이기도 하고 '고국'이기도 한 이중의 의미를 지니고 있다. '고향'이나 'Heimat'와 일치하는 말이 영어에는 없어도 고향 생각을 하는 시를 쓰는 데 지장이 없다.

버니트는 시 제목을 "The Homeland"라고 했다. 'homeland'는 'home'과 'land'로 이루어져 '고향'이나 'Heimat'보다 유리한 점이 있다. 'land'를 말하고 'home'을 그리워하고, 'mother'를 보태, 그리움의 대상이 되는 세 가지, 고향 땅, 고향 집, 고향의 어머니를 열거한 것이 장점이다. 제1연에서는 고향 땅과 고향 집을, 제2연에서는 고향 집과 고향의 어머니를, 제3연에서는 고향 땅과 고향 집과 고향의 어머니를 말했다. 고향 땅에서 시작해 고향 집을 거쳐 고향의 어머니에게 이르러 표면에서 내면으로 나아갔다.

휠덜린, 〈고향〉에서처럼 지금의 불행 때문에 과거의 고향으로 돌아가고자 하지 않았다. 고향은 생각하지 않아도 생각이 나서 기쁨을 준다고 했다. "서쪽", "높은 곳", "금빛 하늘", "은빛 배", "여름 비"라는 말을 사용해, 고향은 지금 자기가 있는 곳과 다르다고 하고, 그리움을 자아내는 정경이 무엇인지 밝혔다. 그리움을 자아내는 정경의 구체적인 양상은 다르지만 기본 성격에서는 차이가 없다.

김소월, 〈고향〉

1
짐승은 모를는지 고향인지라,
사람은 못 잊는 것 고향입니다.
생시에는 생각도 아니 하던 것
잠들면 어느 듯 고향입니다.

조상님 뼈 가서 묻힌 곳이라,

송아지 동무들과 놀던 곳이라,
그래서 그런지는 모르지마는
아아, 꿈에서는 항상 고향입니다.

2

봄이면 곳곳에 산새 소리.
진달래 화초 만발하고,
가을이면 골짜기 물드는 단풍
흐르는 샘물 위에 떠 내린다.

바라보면 하늘과 바닷물과
차차차 마주 붙어 가는 곳에
고기잡이 배 돛 그림자
어기여차 지어차 소리 들리는 듯.

3

떠도는 몸이거든
고향이 탓이 되어.
부모님 기억 동생들 생각
꿈에라도 항상 그곳에서 뵈옵니다.

고향이 마음속에 있습니까?
마음속에 고향도 있습니다.
제 넋이 고향에 있습니다.
고향에도 제 넋이 있습니다.

마음에 있으니까 꿈에 뵈지요.
꿈에 보는 고향이 그립습니다.
그곳에 넋이 있어 꿈에 가지요.
꿈에 가는 고향이 그립습니다.

4

물결에 떠내려간 부평(浮萍) 줄기
자리 잡을 새도 없네.
제 자리로 돌아갈 날 있으랴마는
괴로운 바다 이 세상에 사람인지라 돌아가리.

고향을 잊었노라 하는 사람들,
나를 버린 고향이라 하는 사람들,
죽어서만은 천애일방(天涯一方) 헤매지 말고
넋이라도 있거들랑 고향으로 네 가거라.

　한국 근대시인 김소월이 고향에 대한 생각을 나타낸 시이다.
모두 네 수로 이루어져 있다. 제1수에서는 고향은 조상의 뼈를
묻고, 동무들과 놀던 곳이라고 했다. 제2수에서는 고향의 경치
를 그렸다. 제3수에서는 고향에 대한 그리움이 간절하다고 했
다. 제4수에서는 괴롭게 떠돌지 말고 죽어서라도 고향으로 돌
아가겠다고 했다.

　이렇게 말한 고향에 대한 그리움을 강도에 따라 정리할 수
있다. (가) 고향 생각이 난다. (나) 고향의 정경이 그립다. (다)
고향에 돌아가 가까운 사람들과의 유대를 되찾고 싶다. (라)
죽어서라도 고향에 가야 한다. 이 다섯 가지 요소를 다른 작품
은 조금씩 나타냈다. 비교표를 만들어 확인해보자.

	이백	횔덜린	버니트	김소월
(가)	+	+	+	+
(나)		+	+	+
(다)			+	+
(라)				+

이백·횔덜린·버니트·김소월의 실향시는 이런 공통점과
차이점이 있다. 같은 (가)에도 다른 점이 있다. 버니트는 생각

하지 않으려고 해도 고향이 생각난다고 말했다. 김소월은 평상시에는 생각나지 않는 고향이 꿈에 나타난다고 했다. (나)의 변이양상도 보자. 고향 생각이 나게 하는 정경이 휠덜린은 산과 물, 버니트는 언덕 위의 집과 바람, 김소월은 산새, 화초, 단풍, 샘물, 바다, 배라고 일렀다. (다)에서 만나고 싶은 사람을 버니트는 어머니, 김소월은 부모와 동생이라고 했다. (라)는 김소월에게만 있다. 김소월의 시는 가장 많은 요소를 갖추고 고향으로 돌아가겠다는 소망이 극도에 이르렀다.

　(가)에서 (라)까지는 실향시의 기본요소이다. 기본 요소 가운데 몇 가지를 갖추는가에 따라서 기본형이 넷 있다. 이 네 작품이 네 기본형의 본보기를 보여준다. 실향시의 기본요소나 기본형은 고금의 동서남북 어디서나 있는 인류 공유의 자산이다. 영향을 따지고 표절을 찾으려고 하는 것은 어리석다. 실향시가 공유의 자산인 것은 고향 생각이 공통되기 때문이다.

제2장
실향의 슬픔 갖가지

두보(杜甫), 〈**달밤에 동생을 생각하며**(月夜憶舍弟)〉

戍鼓斷人行
秋邊一雁聲
露從今夜白
月是故鄕明
有弟皆分散
無家問死生
寄書長不達
況乃未休兵

싸움 북 울리자 사람 왕래 끊기고,
가을 변경 기러기 한 마리 소리.
이슬이 오늘 밤부터 희다는데,
달은 고향에도 밝았겠구나.
동생들은 모두 흩어지고
생사를 물어볼 집도 없네.
보낸 편지 오래 전달되지 않고.
더구나 전란이 그치지 않았네.

　두보는 중국 당나라 시인이다. 난리를 만나 유랑하면서 이런
시를 지었다. 때는 가을이어서 더욱 쓸쓸하다. 이슬이 흰 백로
(白露) 절기를 맞이해 달이 유난히 밝아 고향이 더욱 그리워진
다고 했다. 고향을 잃고, 혈육과 이별한 것을 한탄했다.

고적(高適), 〈**제야에 짓는다**(除夜作)〉

旅館寒燈獨不眠
客心何處轉凄然
故鄕今夜思千里
霜鬢明朝又一年

여관 찬 등불에 잠을 이루지 못하고
나그네 마음 어디로 처연하게 뒹구는가.
고향은 오늘 밤 생각하니 천리이고,
흰 머리가 내일 아침이면 또 한 해이네.

　중국 당나라 시인 고적의 시이다. 고향을 떠나 객지에 와서
섣달그믐 밤을 보내는 회포를 읊었다. 7언 절구로 길게 읊었다.
"찬 등불"은 쓸쓸하다는 뜻도 지니고 있다. 잠을 이루지 못하고
뒹구는 것을 마음이 뒹군다고 말했다. 고향은 천리밖에 있어 가
지 못하고, 한 해가 가니 머리가 더 희어진다고 탄식했다.

구준(寇準), 〈**봄날 누각에 올라 고향 생각**(春日登樓懷
鄉)〉

高樓聊引望
杳杳一川平
野水無人渡
孤舟盡日橫
荒村生斷靄
深樹語流鶯
舊業遙淸渭
沉思忽自驚

높은 누각에서 멀리 바라보니,
아득아득한 냇물 하나 평평하구나.
들판의 물에는 건너는 사람 없고,
외로운 배만 종일토록 매어 있네.
황량한 마을에서 안개가 들락날락,
깊은 숲에서 꾀꼬리 소리 흐른다.
멀리 물 맑은 위수 가의 고향 집에서
하던 일 생각하다가 놀라서 깨어난다.

구준은 중국 송나라 시인이다. 고향을 그리워하면서 이런 시를 지었다. 왜 고향을 떠났는지 말하지 않고, 높은 누각에 올라 멀리 바라보니 고향 생각이 간절하다고 했다. 지금은 하는 일 없이 떠돌아다니고 있어 고향 집에서 하던 일을 잊지 못한다고 한 것 같다. 흔히 있을 수 있는 고향 생각 시이다.

"深樹"를 "古寺"라고 한 이본도 있으나 채택하지 않는다. "荒村"과 "古寺"가 좋은 짝을 이루기는 하지만, 멀리 바라보는 데 옛 절이 눈에 들어온다고 하는 것은 어울리지 않는다. "深樹"는 마구 우거져 깊어진 숲을 뜻한다고 보아 마땅하다. 마구 우거져 깊은 숲이 절망에 사로잡힌 자기의 처지와 같은데 꾀꼬리 소리가 들려 정신을 차린다고 이해할 수 있다.

스가와라노 미찌자네(菅原道眞), 〈스스로 읊는다(自詠)〉

離家三四月
淚落百千行
萬事皆如夢
時時仰彼蒼

집을 떠난 지 서너 달,
흐르는 눈물이 백천 줄
만 가지 일이 꿈만 같아,
이따금 하늘을 쳐다본다.

일본 헤이안시대 한학자이고 시인의 시이다. 고향을 떠난 서러움을 짧은 시로 나타냈다. 고향을 떠난 이유, 지금 자기가 어디서 무엇을 하는지는 말하지 않고, 눈물을 많이 흘린다고 하면서 슬픔을 나타냈다. "三四"와 "百千"이 대구를 이루게 해서, 떠난 지 서너 달 만에 눈물이 백천 줄이라고 하는 과장된 표현을 했다. 밝은 달도 날아가는 기러기도 듣지 않고 하늘을 바라보기만 한다고 했다.

허균(許筠), 〈객지의 밤(客夜)〉

客夜人無睡
微霜枕簟寒
故林歸不得
新月共誰看

北里調砧急
西隣品笛殘
倚楹仍悵望
鳴雁在雲端

객지에서 밤에 잠을 이루지 못하고,
첫 서리에 대나무 자리가 차구나.
고향 숲으로 돌아가려 해도 못 가니
새로 돋은 달 누구와 함께 보아야 하나.

북쪽 마을에서 다듬이 급하게 두드리고,
서녘 이웃 가지런한 피리 여운 남기네.
기둥에 기대 거듭 한탄하며 바라보니
울며가는 기러기는 구름 저쪽이네.

　한국 조선시대 시인 허균의 실향시이다. 가을 달을 보고 떠나온 고향을 그리워하는 것은 이백, 〈고요한 밤의 생각〉과 같다. 이백은 말하지 않은 "울며가는 기러기"를 보태 수심이 더 크게 했다. 이백이 침상 앞의 달을 보았다고 했듯이 "첫 서리에 대나무 자리가 차"서 잠들지 못하고 달을 본다고 했다. 멀리 떠나와서 고향에 돌아가지 못할 사정인 것도 다르지 않다.
　그런데 이백은 혼자이지만, 허균은 가까이 사람들이 있다고 했다. 북쪽에서는 다듬이질, 서쪽에서는 피리를 부는 소리가 들려, 모두 열심히 일하고 즐겁게 산다고 했다. 그러나 자기는 외톨이가 되어 가을밤이 쓸쓸해 고향 생각이 간절하다고 말했다.

홍현주(洪顯周), 〈우연히 읊는다(偶吟)〉

旅夢啼鳥喚
歸思繞春樹
落花滿空山
何處故鄕路

나그네 꿈에서 새가 울어 깨어나니,
고향 생각 봄 나무에서 맴도는구나.
떨어지는 꽃잎은 빈 산에 가득하니
어느 곳이 고향 가는 길인가?

　홍현주는 한국 조선후기 시인이다. 이것도 최단형 실향시이
다. 제1행에 "旅夢"(나그네 꿈), 제4행에 "鄕路"(고향 가는 길)
가 있어, 나그네가 고향을 그리워하면서 가고 싶어 하는 시임
을 알 수 있다. 그 밖의 다른 말은 아름다운 정경을 그렸다. 고
향을 그리워한다는 말을 보태 아름다운 정경을 더 아름답게 했
다. 이런 시에서는 향수가 서정의 맛을 돋운다.

김병연(金炳淵), 〈고향 생각(思鄕)〉

西行已過十三州
此地猶然惜去留
雨雪家鄕人五夜
山河逆旅世千秋
莫將悲慨談靑史
須向英豪問白頭
玉館孤燈應送歲
夢中能作故園遊

서쪽으로 이미 열세 고을을 지나와서

이곳에서는 떠나기 아쉬워 머뭇거리네.
눈비 내리는 밤중 고향 그리는 나그네
산과 강을 따라 평생토록 떠도는구나.
비분강개하며 역사를 말하기나 하지 말고,
마땅히 영웅호걸에게 백발이나 물어야겠다.
여관의 외로운 등불 또 한 해를 보내며
꿈속에서는 고향 동산에서 노닐 수 있겠나.

김병연은 한국 조선후기 시인이다. 홍경래의 난 때 선천부사(宣川府使)로 있던 조부 김익순(金益淳)이 홍경래에게 항복한 탓에 집안이 망했다. 그때 하인의 구원을 받아 형과 함께 피신해 숨어 지냈다. 뒤에 사면을 받고 과거에 응시해 김익순의 행위를 비판하는 내용으로 글을 써서 급제했다. 김익순이 자기 조부라는 사실을 알아차리고, 벼슬을 버리고 전국을 방랑하다가 객사했다. 하늘을 우러러 볼 수 없는 죄인이라 생각하고 항상 큰 삿갓을 쓰고 다녀 김립(金笠) 또는 김삿갓이라는 별명이 생겼다.

전국을 방랑하면서 각지에 즉흥시를 남겼다. 이것은 방랑을 하면서 고향 생각을 한 시이다. 고향이 그리워도 돌아가지 않았다. "눈비 내리는 밤중 고향 그리는 나그네", "여관의 외로운 등불 또 한 해를 보내며"라고 한 사연이 처절하다.

이정작(李庭綽), 〈달 밝은 밤에...〉

소요당(逍遙堂) 달 밝은 밤에 늘 위하여 앉았는고?
솔바람 시내 소리 듣고지고 내 초당에,
저 달아 고향을 비치거든 이내 소식 전하렴.

이정작은 한국 조선시대 문인이다. 《옥린몽》(玉麟夢)이라는 소설을 지어 널리 읽혔다. 시조에서는 달을 보고 고향을 생각하는 마음을 간절하게 나타냈다.

소요당이라는 곳은 타향에 있는 남의 전각이라고 여겨진다. 고향에 돌아가 자기 초당에서 솔바람 시내 소리를 듣고 싶다고 했다. 지금 자기가 보고 있는 달이 고향을 비치거든 자기 소식을 전해달라고 읊조렸다. 달이 고향 생각이 나게 하는 데 그치지 않고, 소식의 전달자이기도 하다고 여겼다.

조벽암, 〈향수〉

해만 저물면 바닷물처럼 짭조름이 저린 여수(旅愁)
오늘도 나그네의 외로움을 차창에 맡기고

언제든 갖 떨어진 풋송아지 모양으로
안타까이 못 잊는 향수를 반추하며

이윽히 살어듬 깃드린 안개 마을이면
따스한 보금자리 그리워 포드득 날려들고 싶어라

조벽암은 한국 근대시인이다. 나그네가 고향을 그리워하는 마음을 소박하면서 인상 깊게 나타냈다. 풋송아지가 어미를 그리듯 고향의 따뜻한 보금자리를 잊지 못한다는 말이 절묘하다.

윤곤강, 〈살어리〉

살어리 살어리 살어리랏다
그예 나의 고향에 돌아가
내 고향 흙에 묻히리랏다

어린애 가슴처럼 세월 모르던 시절하!
바랄 것 없는 어둠의 뒤안길에서

매캐하게 풍기는 매화꽃 향내
아으, 내 몸에 맺힌 시름 엇디호리라

얼마나 아득하뇨 나의 고향
궂은 비 개인 맑은 하늘 우혜
나무 나무 푸른 옷 갈아입고
종다리 노래 들으며 흐드러져 살고녀 살고녀...

   한국 근대시인 윤곤강의 작품이다. 같은 제목의 연작시 마지막 7번이다. "살어리 살어리 살어리랏다", "...리랏다", "...엇디호리라"는 고려 속악가사 〈청산별곡〉에서 따온 말이다. 자기 고향으로 돌아가고 싶다고 하면서 문학의 전통으로의 복귀도 희구했다.

니체 Friedrich Nietzsche, 〈고독 Vereinsamt〉

Die Krähen schrein
Und ziehen schwirren Flugs zur Stadt:
Bald wird es schnein. –
Wohl dem, der jetzt noch – Heimat hat !

Nun stehst du starr,
Schaust rückwärts, ach! wie lange schon !
Was bist du Narr
Vor Winters in die Welt entflohn ?

Die Welt – ein Tor
Zu tausend Wüsten stumm und kalt !
Wer das verlor,
Was du verlorst, macht nirgends halt.

Nun stehst du bleich,
Zur Winter-Wanderschaft verflucht,
Dem Rauche gleich,
Der stets nach kältern Himmeln sucht.

Flieg, Vogel, schnarr
Dein Lied im Wüstenvogel-Ton !
Versteck, du Narr,
Dein blutend Herz in Eis und Hohn !

Die Krähen schrein
Und ziehen schwirren Flugs zur Stadt :
Bald wird es schnein, −
Weh dem, der keine Heimat hat !

까마귀 울부짖고
날개 소리를 내면서 도시로 날아갔다.
곧 눈이 내릴 것이다.
아직도 고향이 있는 사람은 얼마나 즐거운가!

이제 너는 굳은 몸으로
되돌아본다. 아 얼마나 오래 되었나!
너는 바보가 아닌가,
겨울을 앞두고 세상으로 도망쳐 나오다니.

세상은 문이다.
수천 개 사막으로 가는 말없고 차가운 문이다.
네가 잃어버린 것을
잃어버린 사람은 어디서도 멈추지 못한다.

이제 너는 창백한 모습으로 서 있다,
겨울 여행의 저주를 받고.

더 차가운 하늘을 찾아가는
연기인 듯이.

새야 날아라,
사막—새의 곡조로 노래를 불러라.
너 바보야,
피 흐르는 심장을 얼음과 조소 속에 숨겨라.

까마귀 울부짖고
날개 소리를 내면서 도시로 날아갔다.
곧 눈이 내릴 것이다.
고향이 없는 사람은 얼마나 괴로운가!

니체는 독일의 철학자이다. 시인이기도 해서 이런 시를 지었다. 고향이 어떤 곳인가는 구체적으로 말하지 않고, 고향을 상실하면 어떤 외로움이나 괴로움이 있는지 말했다.

제1 · 2연에서 한 말을 보자. 까마귀가 울부짖고 날개 소리를 내면서 날아간 도시는 고향이 아닌 타향이다. 세상이라고 하는 곳이다. 겨울은 시련의 계절이다. 이제 곧 눈이 올 시련의 계절을 앞두고 세상으로 도망쳐 나왔으니 바보다. 제3연에서는 고향을 잃어버리면 사막 같은 곳에서 헤매고 다니기만 한다고, 제4연에서는 고향을 등지고 겨울 여행을 하는 자는 더 차가운 곳으로 간다고 했다.

제5연에서는 제2연에서 바보가 하는 짓이라도 할 수 있는데까지 하라고 했다. 제4연에서 창백한 모습으로 서 있다고 한 것이 결말일 수는 없으니, 죽음을 각오하고 날아오르라고 하고, 사막에서 시련을 겪으면서 익힌 곡조로 노래를 부르라고 읊조렸다. 겉으로는 차갑기만 하고 조소의 대상에 지나지 않는 듯한 이면에서 피를 토하는 열정을 쏟으라고 했다.

제1연에서 "아직도 고향이 있는 사람은 얼마나 즐거운가!"라고 한 말을 제6연에서는 "고향이 없는 사람은 얼마나 괴로운

가!"하는 것으로 바꾸었다. 고향이 있고 없는 것은 사실의 문제가 아니다. 마음이 텅 비면 고향이 없다. 다른 사람들은 고향이 있으나 가지 못한다고 했는데, 니체는 고향이 없어 더욱 괴롭다고 했다.

제3장
동경하는 그곳

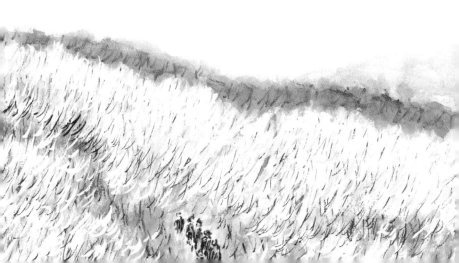

박화목, 〈망향〉

꽃 피는 봄 사월 돌아오면
이 마음은 푸른 산 저 너머,
그 어느 산 모퉁길에
어여쁜 님 날 기다리는 듯.

철 따라 핀 진달래 산을 덮고
먼 부엉이 울음 끊이잖는.

나의 옛 고향은 그 어디런가,
나의 사랑은 그 어디멘가.

날 사랑한다고 말해 주렴아 그대여,
내 맘속에 사는 이 그대여.
그대가 있길래 봄도 있고
아득한 고향도 정들 것일레라.

　한국 근대시인 박화목의 시이다. 이 작품은 앞에서 든 니체,
〈고독〉과 여러모로 대조가 된다. 니체는 겨울을 실향의 계절이
라고 하고, 박화목은 봄이 망향의 계절이라고 했다. 실향과 망
향은 떠나 있는 상태에서 고향을 생각하는 마음인 점이 같으면
서, 과거가 지속되는 절망과 미래를 기대하는 희망인 차이가 있
다. 니체는 실향 탓에 고독하다고 탄식하고, 박화목은 망향의
희망을 사랑에 대한 기대와 함께 지닌다고 했다. 니체는 실향
론, 박화목은 망향론을 제시했다.
　제1연에서는 봄이 오니 사랑하는 사람이 자기를 기다리는
듯하다고 여겼다. 제2연에서는 마음속에 떠오르는 고향의 모
습을 그렸다. 제3연에서는 고향도 사랑도 어디 있는가 물었
다. 제4연에서는 마음속에 있는 사람이 자기를 사랑해주기를

바란다고 하고, 사랑 때문에 봄이 있고, 고향에 정이 든다고
했다.

　그래서 무엇을 말했는지 정리해보자. (가) 고향에 대한 기대
는 사랑에 대한 기대처럼 절실하고 아름답다. (나) 사랑에 대
한 기대가 있어 고향에 대한 기대가 생겨나고 커진다. (다) 사
랑에 대한 기대도 고향에 대한 기대도 실현되지는 않을 가능성
이다.

　(가)에서는 고향이 사랑보다 소중하다. (나)에서는 사랑이
고향보다 소중하다. (다)에서는 아직 실현되지 않고 기대하는
것이 소중하다. (가)는 망향의 시이고, (나)는 사랑의 시이며,
(다)는 소중한 것에 관한 시이다.

서정주, 〈고향에 살자〉

계집애야 계집애야
고향에 살지.

민들레 꽃피는
고향에 살지.

질갱이 풀 뜯어
신 삼어 신고,

시누대 밭머리에서
먼 산 바래고,

서러워도 서러워도
고향에 살지.

서정주는 한국 현대시인이다. 고향에 가서 살고 싶은 생각을 소박하게 나타냈다. 고향에서 자연과 더불어 즐겁게 지내던 일들이 좋아 서러워도 고향에 살자고 했다.

"계집애야"라고 부른 상대방이 누구인지 분명하지 않다. 아내나 연인은 아니고 사랑스러운 소녀를 보고 하는 말이라고 보는 것이 적합하다. 고향에서 살자는 것이 실질적인 의미를 지닌 제안이 아니고, 소녀의 아름다움과 연관되어 나타나는 들뜬 생각, 막연한 그리움이라고 할 수 있다. 고향은 서정적 발상의 원천이라고 할 만하다.

김상용, 〈향수〉

인적 끊긴 산 속
돌을 베고 하늘을 보오.

구름이 가고,
있지도 않은 고향이 그립소.

김상용은 한국 근대시인이다. 두 연, 넉 줄뿐인 이 시에서 향수에 관해 묘한 말을 했다. 인적 끊긴 산 속에서 돌을 베고 하늘을 보면 무언가 그리워하게 되는 것이 향수라고 일렀다. 고향이 있지 않아도 향수를 느낀다고 했다. 누구나 지닌 막연한 동경이 실체가 있는 듯이 여기도록 하는 것이 향수이다. 서정시를 서정시답게 하는 발상에 향수만한 것이 더 없다고 할 수 있다.

신석정, 〈망향의 노래〉

한 이파리

또 한 이파리
시나브로 지는
지치도록 흰 복사꽃을

꽃잎마다
지는 꽃잎마다
곱다랗게 자꾸만
감기는 서러운 서러운 연륜(年輪)을

늙으신 아버지의
기침 소리랑
곤때 가신 지 오랜 아내랑
어리디 어린 손주랑 사는 곳

버리고 온 생활이며
나의 벅차던 청춘이
아직도 되살아 있는
고향인 성만 싶어 밤을 새운다.

한국 현대시인 신석정은 고향을 그리워하는 시를 이렇게 지었다. 복사꽃을 보고, 지는 꽃잎마다 감기는 연륜이 서럽다고 하면서, 무언가 아쉽고 그리운 것을 고향이라고 했다. 제2연까지에서는 말을 이렇게 해서, 위에서 든 김상용, 〈향수〉와 다르지 않다.

제3연에서 "아버지"·"아내"·"손주"를 들어 고향의 실체가 있는 듯이 말했다. "늙으신 아비지의 기침 소리"는 고향을 생각하게 하는 통상적인 언사이다. "곤때"는 "보기에 흉하지 아니할 정도로 옷 따위에 조금만 묻은 때"는 뜻의 "고운 때"의 준말이다. "곤때 가신 지 오랜 아내"는 초년에 고생한 흔적인 곤때마저 없어져 상당한 정도로 나이가 들었다는 말이다. 손주는 "어리디 어린 손주"라고만 했다.

제4연을 보면 제3연에서 한 말인 그리워하고 있는 고향의 실체가 있는 듯이 여기도록 그냥 해본 소리이다. "버리고 온 생활", "벅차던 청춘"이 아쉽고 그리운 마음을 망향이라고 했다. 그리워하는 것이 고향이라고 하지 않고 "고향일 성만 싶다"고 했다. 고향이 아닌 것을 고향이라고 여기고 그리움의 대상으로 삼는다고 일렀다. 고향은 실체가 아니고 환상이고 관념임을 다시 확인할 수 있다.

백석, 〈고향〉

한 해가 저물어가는 이즈음
나는 북관(北關)에 혼자 앓아 누워서
어느 아침 의원(醫員)을 뵈이었다.
의원은 여래(如來) 같은 상을 하고 관공(關公)의 수염을 드리워서
먼 옛적 어느 나라 신선 같은데,
새끼손톱 길게 돋은 손을 내어
묵묵하니 한참 맥을 짚더니
문득 물어 고향이 어디냐 한다.
평안도 정주라는 곳이라 한 즉
그러면 아무개씨(氏) 고향이란다.
그러면 아무개씨(氏)를 아느냐 한 즉
의원은 빙긋이 웃음을 띠고
막역지간(莫逆之間)이라며 수염을 쓴다.
나는 아버지로 섬기는 이라 한 즉
의원은 또 다시 넌지시 웃고
말 없이 팔을 잡아 맥을 보는데
손길은 따스하고 부드러워
고향도 아버지도 아버지의 친구도 다 있었다.

백석은 한국 근대시인이다. 제목을 〈고향〉이라고 한 이 시에 고향을 물어 정주라고 한 것 외에 고향에 관한 말은 더 없다. 자기가 앓고 있을 때 온 늙고 인자한 의원이 맥을 짚은 손길이 부드러워 "고향도 아버지도 아버지의 친구도 다 있었다"고 말했다. 고향은 다름이 아니라 포근하게 감싸주는 인정이라고 여겼다.

김광균, 〈고향〉

하늘은 내 넋의 슬픈 고향
늙은 홀어머니의 지팽이같이
한 줄기 여윈 구름이 있어
가을바람과 함께 소슬하더라.

초라한 무명옷 이슬에 적시며
이름 없는 들꽃일래 눈물지었다.
떼 지어 우는 망아지 등 너머
황혼이 엷게 퍼지고
실개천 언덕에 호롱불 필 때

맑은 조약돌 두 손에 쥐고
노을을 향하여 달리어 갔다.

뒷산 감나무꽃 언제 피었는지
강낭 수수 밭에 별이 잠기고
한 줄기 외로운 모깃불을 올리며
옷고름 적시시던 설운 뒷모습
아득한 시절이기 더욱 그립다.

창망한 하늘가엔 나의 옛 고향이 있어
마음이 슬픈 날은 비가 내린다.

　김광균은 한국의 근대시인이다. 첫 줄에서 "하늘은 내 넋의
슬픈 고향"이라고 해서 고향이 아득히 멀어 가지 못하고 동경만
하니 슬프다고 했다. 마음속에 알뜰하게 간직하고 있는 고향의
모습을 그렸다. 고향은 실체가 없는 그리움이라고 할 수 있다.

나병욱, 〈그리운 고향〉

나에게도 고향이 있으면 좋겠다
할미꽃 민들레 같은 작은 꽃들이
들판 가득 피어 웃으며 반기는

길을 걸을 때마다
손을 잡아주고
어깨를 다독여줄 수 있는

따뜻하고 정겨운 시골의
소박한 미소가 있는
먼 신비의 빛의 마을 같은

명절 때면 고향을 찾아
바쁘게 길을 떠나는 사람들이
부럽기만 하다

돌아갈 고향이 없는 사람들만큼
서럽고 외로운 사람이
또 어디에 있으랴

나병욱은 한국 현대시인이다. 고향이 있는 사람을 부러워하면서 자기는 고향이 없다고 했다. 돌아갈 고향이 없어 서럽고 외롭고, 마음이 공허한 것은 고향을 상실한 탓이라고 했다.

이성부, 〈고향〉

나를 온통 드러내기 위해서
너에게로 간다.
나를 모두 쏟아버리기 위해서
맨 처음처럼 빈 그릇으로 돌아가기 위해서
너에게로 간다.

네 곁에 드러누워 하늘 보면
아직도 슬픔들 길을 잃어 어지럽고
깨끗한 영혼들 아지랑이로 어른거리느니.
너를 보듬고 살을 부벼
뜨거워진 몸
눈 감아서 더 잘 보이는 우리 사랑!

너의 노여움 어루만지기 위해서
너에게로 간다.
우리 사랑 묶어두기 위해서
함께 죽기 위해서
너에게로 간다.

이성부는 한국 현대시인이다. 이 시에서 고향을 신앙처럼 받들고, 본원적인 자아를 찾기 위해서 고향에 간다고 했다. 고향에 갈 수 있는지 묻지 않고, 가서 실망할 수 있다는 것은 생각하지 않았다.

헤세 Hermann Hesse, 〈귀향 Heimkehr〉

Hinterlasse eine Antwort
Nun bin ich lang gewesen
Im fremden Land zu Gast,
Und bin doch nicht genesen
Von meiner alten Last.

Ich suchte allerorten
Das was die Seele stillt,
Nun bin ich stiller worden
Und neu zum Leid gewillt.

Komm her, gewohntes Leiden,
Ich wurde satt der Lust.
Wir wollen wieder streiten
Und ringen Brust an Brust.

해답은 미루어둔 채
나는 오랫동안 타향에서
나그네 노릇을 했다.
그래도 오랜 근심에서
벗어나지는 못했다.

나는 어디서나 찾았다,
영혼을 평온하게 해줄 것을.
이제 훨씬 평온해져서
고통을 다시 원한다.

오너라, 오랜 고통이여.
나는 환락에 싫증이 났다.
우리는 다시 싸우려고 한다.

가슴을 부딪치고 다투련다.

독일 현대작가 헤세는 시인이기도 했다. 이 시 〈귀향〉에서 예사롭지 않은 생각을 나타냈다. "해답은 미루어둔 채" 타향살이를 했다는 것은 고통스러운 문제로부터 도피함이다. 그래서 영혼이 평온해지자 다시 고통을 원한다고 말했다. 환락에 싫증이 났으므로, "오랜 고통"을 다시 오라고 하고 가슴을 부딪치고 싸우겠다고 했다. "오랜 고통"이 고향이고, 고통과 싸우는 것이 귀향이라고 했다.

이것이 무슨 말인가? 고통과 싸우는 것이 인간존재의 본질이므로 고향이라는 말이다. 고통에서 벗어나 평온이나 환락을 찾고자 하는 것은 본질 망각의 일탈행위이므로 타향살이라고 했다. 시가 고향이고, 역사가 고향이라고 하는 것보다 훨씬 절실한 말이다. 고향에서 고통과 싸우는 본연의 임무를 수행하느라고 시를 쓰고 역사에 참여한다고 하면 진실성을 확보하고 허세에서 벗어날 수 있다.

제4장
떠오르는 모습

박용래, 〈겨울 밤〉

잠 이루지 못하는 밤 고향집 마늘밭에 눈은 쌓이리.
잠 이루지 못하는 밤 고향집 추녀밑 달빛은 쌓이리.
발목을 벗고 물을 건너는 먼 마을.
고향집 마당귀 바람은 잠을 자리.

  박용래는 한국 현대시인이다. 잠 이루지 못하는 밤에 고향집
을 생각한다고 했다. "고향집 마늘밭에 눈은 쌓이리", "고향집
추녀밑 달빛은 쌓이리"라고 하는 광경이 떠오른다고 했다. "마
늘밭"과 "추녀밑", ""눈"과 "달빛"은 다른데, "쌓이리"라는 말
은 되풀이해 이리저리 다니는 마음의 율동이 반복된다고 했다.
  그곳은 가까이 있지 않고 "발목을 벗고 물을 건너는 먼 마
을"이라고 그렸다. 마음속에서는 아주 가까이 다가와 "고향집
마당귀 바람은 잠을 자리"라고 했다. 멀리 두고 보고, 가까이
당겨 보고 하다가 자기를 되돌아보았다. 자야 하는 자기는 뜬
눈으로 지새는 밤에 자지 않아도 되는 "바람은 잠을 자리"라고
했다. 마음을 비운 바람이 되면 잠이 오는가?
  짧은 시 몇 마디에다 고향집을 그리워하는 마음, 고향집 주
위의 정다운 풍경을 정밀하게 계산된 수법으로 아주 선명하게
나타냈다. 밤에 잠을 이루지 못하는 지금의 불운과 밝게 빛나
는 고향집에서 살던 때의 행복을 선명하게 대조해 보여주었다.
제1·2행을 길게 늘이고 줄 바꾸기를 하지 않아 어둠에서 밝
음으로 나아가는 진통을 보이다가 제3·4행에서 밝게 열렸다.

오장환, 〈고향 앞에서〉

흙이 풀리는 냄새
강바람은
산짐승의 우는 소릴 불러

다 녹지 않은 얼음장 울멍울멍 떠내려 간다.

진종일
나룻가에 서성거리다
행인의 손을 쥐면 따뜻하리라.

고향 가까운 주막에 들러
누구와 함께 지난날의 꿈을 이야기하랴.
양귀비 끓여다 놓고
주인집 늙은이는 공연히 눈물 지운다.

잔잔이 잣나비 우는 산기슭에는
아직도 무덤 속에 조상이 잠자고
설레는 바람이 가랑잎을 휩쓸어 간다.

예제로 떠도는 장꾼들이여!
상고(商賈)하며 오가는 길에
혹여나 보셨나이까.

전나무 우거진 마을
집집마다 누룩을 디디는 소리, 누룩이 뜨는 내음새…

　오장환은 한국 근대시인이다. 고향 근처까지 가서 고향을 그리워하는 시를 썼다. 강에서 얼음이 녹으니 건너갈 만한데 가지 못하고, 만나는 사람들과 고향 이야기를 하고 싶어 했다. "상고(商賈)"란 장사라는 말이다. 장사하러 오가는 길에 고향 마을을 보았는가 물었다. 누룩 뜨는 냄새가 생각 나 떠나온 마을이 그립다고 했다.

　강을 건너 고향으로 가지 못하는 이유는 말하지 않았다. 누가 막는다고는 하지 않고 자기가 가지 않았다. 고향 가까이만 가도 너무 감격스러워 숨고르기를 하느라고 머뭇거렸는가? 고향은 마음에 두고 생각하는 곳이기 때문인가? 고향은 그곳에 없고 이미 잃어버렸기 때문인가? 이 시를 1940년에 써서 조국을 잃고 신음하는 심정을 고향에 대한 그리움으로 나타냈는가?

키타하라 하쿠슈(北原白秋), 〈**귀거래**(歸去來)〉

山門は我が産土、
雲騰がる南風のまほら、
飛ばまし今一度、

筑紫よかく呼ばへば
恋ほしよ潮の落差、
火照沁む夕日の潟。

盲ふるに、早やもこの眼、
見ざらむ、また葦かび、
籠飼や水かげろう。

帰らなむ、いざ鵲、
かの空や櫨のたむろ、
待つらむぞ今一度。

故郷やそのかの子ら、
皆老いて遠きに、
何ぞ寄る童こころ。

야마토는 내가 태어난 땅
구름 오르는 남풍이 아름다운 곳
날고 싶다, 다시 한 번.

쯔쿠시야라고 불러보면,
그리워라 조수의 낙차,

불 비추어 물든 석양의 해변.

멀어가는데, 벌써 이 눈
보이지 않겠지, 또 갈대의 새싹들,
어망에 비친 물 아지랑이.

돌아가련다. 자 까치야,
그 하늘과 옻나무 숲,
기다리리라 다시 한 번.

고향과 그곳 아이들
모두 늙고 소원해졌는데,
왜 이리 그리운가 동심이여.

　키타하라 하쿠슈는 일본 근대시인이다. 시력을 거의 상실
하고 기억에 남은 고향이 더욱 그리워 이 시를 지었다. "갈대
의 새싹들"이 시력을 잃은 눈에 떠오르는 영상이다. "물"(水)
과 "아지랑이"(かげろう)를 붙여 만든 말로 더욱 미세한 모습
을 그려냈다. 보이지 않는 고향에 대한 아련한 향수를 극대화
시키고, 고향에서처럼 까치 소리가 들려서 까치를 불렀다.

샤토브리앙François-René de Chateaubriand, 〈프랑스 지방
추억Souvenir du pays de France〉

Combien j'ai douce souvenance
Du joli lieu de ma naissance !
Ma soeur, qu'ils étaient beaux les jours
De France !
O mon pays, sois mes amours
Toujours !

Te souvient—il que notre mère,
Au foyer de notre chaumière,
Nous pressait sur son coeur joyeux,
Ma chère ?
Et nous baisions ses blancs cheveux
Tous deux.

Ma soeur, te souvient—il encore
Du château que baignait la Dore ;
Et de cette tant vieille tour
Du Maure,
Où l'airain sonnait le retour
Du jour ?

Te souvient—il du lac tranquille
Qu'effleurait l'hirondelle agile,
Du vent qui courbait le roseau
Mobile,
Et du soleil couchant sur l'eau,
Si beau ?

Oh ! qui me rendra mon Hélène,
Et ma montagne et le grand chêne ?
Leur souvenir fait tous les jours
Ma peine :
Mon pays sera mes amours
Toujours !

감미로운 추억을 얼마나 지녔는가,
내가 태어난 그 훌륭한 곳에 대해!
누이야, 얼마나 아름다웠나,
프랑스의 나날이!
오 내 고장은 내 사랑이어라.

언제나!

너는 기억하느냐 우리 어머니가
우리 초가집 난로 가에서
우리를 가슴에 즐겁게 껴안았다.
우리 어머니?
우리는 어머니 흰 머리에 입 맞추었다.
우리 둘이.

누이야, 너는 아직 기억하느냐,
도르 강물이 적시는 성(城)을.
모르 지방의
아주 오래된 탑
날이 밝았다고
종을 치는 그곳을.

너는 기억하느냐, 조용한 호수
날쌘 제비가 스쳐가는 그곳을.
바람이 갈대를 흔들어
움직이게 하고,
물 위에 지는 해가
아주 아름다운 곳을?

오! 누가 되돌려주겠나,
나의 여신 엘렌, 나의 산, 큰 떡갈나무를.
그것들을 기억하는 나날
마음 아프다.
내 고장은 내 사랑이어라.
언제나!

샤토브리앙은 프랑스 낭만주의 시인이다. 이 시에서 고향을 그리워하고 나라를 사랑하는 마음을 나타냈다. "프랑스 지방"이라는 말을 쓴 이유를 이해하려면 설명이 좀 필요하다.

불어에는 '고향'을 뜻하는 특정 단어가 없다. 'pays'가 '고장'이기도 하고 '나라'이기도 하다. 말이 구별되지 않아 고향 사랑이 나라 사랑과 이어진다. 고향에 관한 추억을 전하면서 그곳이 프랑스의 한 지방임을 말하고, 고향이 아름다운 것은 프랑스가 자랑스럽기 때문이라고 했다. 고향 사랑이 나라 사랑과 같다고 여겼다.

"엘렌"(Hélène)은 그리스 신화에 나오는 여신이다. 여기서는 여신이라는 일반적인 의미로 썼다. 고향의 모든 것이 자기에게 여신과 같다고 일렀다. 그 여신과 떨어져 지내니 마음 아프다고 했다. 기억에서 즐거움을 찾고, "내 고장은 내 사랑이어라"라고 했다.

이은상, 〈가고파〉

내 고향 남쪽 바다, 그 파란 물이 눈에 보이네.
꿈엔들 잊으리오, 그 잔잔한 고향 바다,
지금도 그 물새들 날으리 가고파라 가고파.

어릴 제 같이 놀던 그 동무들 그리워라.
어디 간들 잊으리오 그 뛰놀던 고향 동무,
오늘은 다 무얼 하는고 보고파라 보고파.

그 물새 그 동무들 고향에 다 있는데,
나는 왜 어이타가 떠나 살게 되었는고,
온갖 것 다 뿌리치고 돌아갈까 돌아가.

가서 한데 얼려 옛날같이 살고지고,
내 마음 색동옷 입혀 웃고 웃고 지내고저.
그 날 그 눈물 없던 때를 찾아가자 찾아가.

물 나면 모래판에서 가재 거이랑 달음질하고,
물 들면 뱃장에 누워 별 헤다 잠들었지.
세상 일 모르던 날이 그리워라 그리워.

여기 물어 보고 저기 가 알아보나,
내 몫엔 즐거움은 아무 데도 없는 것을.
두고 온 내 보금자리에 가 안기자 가 안겨.

처자들 어미 되고 동자들 아비 된 사이
인생의 가는 길이 나뉘어 이렇구나.
잃어진 내 기쁨의 길이 아까워라 아까워.

일하여 시름없고 단잠 들어 죄 없는 몸이
그 바다 물소리를 밤낮에 듣는구나.
벗들아 너희는 복된 자다 부러워라 부러워.

옛 동무 노젓는 배에 얼어 올라 치를 잡고
한바다 물을 따라 나명들명 살까이나.
맞잡고 그물 던지며 노래하자 노래해.

거기 아침은 오고 거기 석양은 져도
찬 얼음 센 바람은 들지 못하는 그 나라로,
돌아가 알몸으로 살꺼니아 깨끗이도 깨끗이.

한국 근대시인 이은상의 연시조이다. 김동진이 작곡해 널리
애창되는 노래이다. 남쪽 바닷가의 고향이 그립다고 하고, 고
향의 모든 것이 아름답다고 말했다. 고향에 돌아가면 아무런

근심도 걱정도 없고 행복하기만 하리라고 했다. 마음속의 고향이 이상향이다.

그러면서 하는 말이 조금씩 다르다. 제1연에서는 고향 바다, 제2연에서든 고향 동무들, 제3연에서는 돌아가고 싶은 마음, 제4연에서는 동심을 되찾고 싶은 소망, 제5연에서는 어린 시절의 추억, 제6연에서는 고향을 떠난 허무감, 제7연에서는 고향에 살고 있는 벗들에 대한 부러움, 제8연에서는 타향살이에 대한 회한, 제9연에서는 돌아가 옛 동무들과 함께 살고 싶은 마음, 제10연에서는 고향으로 돌아가 깨끗하게 살고 싶은 희망을 말했다.

시조 형식을 일관되게 사용하고, 셋째 줄 마지막 두 토막에서 "가고파라 가고파", "보고파라 보고파"라고 말을 반복했다. 바다 물결이 치는 느낌을 준다. 아름다운 말을 골라 쓰고, 옛말을 이어받기도 했다. 제5연의 "거이"는 "게"의 옛말이다. "뱃장"은 배를 묶어두는 바닷가이다. 제9연의 "나명들명"은 "나며들며"의 옛말이다. 제10연의 "살꺼니아"는 "살겠다"는 말이다.

아이헨도르프Joseph Freiherr von Eichendorff, 〈고향Die Heimat〉

Denkst du des Schlosses noch auf stiller Höh?
Das Horn lockt nächtlich dort, als obs dich riefe,
Am Abgrund grast das Reh,
Es rauscht der Wald verwirrend aus der Tiefe –
O stille, wecke nicht, es war als schliefe
Da drunten ein unnennbar Weh.

Kennst du den Garten? – Wenn sich Lenz erneut,
Geht dort ein Mädchen auf den kühlen Gängen
Still durch die Einsamkeit,

Und weckt den leisen Strom von Zauberklängen,
Als ob die Blumen und die Bäume sängen
Rings von der alten schönen Zeit.

Ihr Wipfel und ihr Bronnen rauscht nur zu!
Wohin du auch in wilder Lust magst dringen,
Du findest nirgends Ruh,
Erreichen wird dich das geheime Singen, –
Ach, dieses Bannes zauberischen Ringen
Entfliehn wir nimmer, ich und du!

고요한 언덕 위의 성을 너는 아직 기억하는가?
밤마다 거기서 너를 부르는 것 같은 뿔피리 소리 들렸지.
골짜기 아래서 노루가 풀을 뜯고,
깊은 곳에서 숲이 엉클어져 살랑거렸다.
오오 고요함이여. 깨우지 말지니!
저 바닥에 이름 지을 수 없는 슬픔이 잠자고 있도다.

그 정원을 너는 아느냐? 봄이 다시 오면,
한 소녀가 쓸쓸한 오솔길 위로
고독하게 거닐면서,
고요한 시냇물이 기묘한 소리를 내며 깨어나게 하니,
꽃이며 나무며 모두 마치 노래하는 것 같았지
아름다운 옛 시절을.

너의 나무 꼭대기도 샘물도 살랑거린다.
사나운 욕망에 사로잡혀 어디로 갔든
너는 아무 데서나 안식을 찾는다.
은밀한 노래 너에게 이르리니,
아아, 마술적인 테두리의 이 매력에서
벗어날 때가 없으리라, 나도 너도.

아이헨도르프는 독일 낭만주의 시인이다. 고향을 이렇게 노래한 시에 "아우에게"(An meinen Bruder)라는 부제를 붙였다. 아우와 함께 고향을 생각하면서 함께 지닌 기억을 되살리려고 했다. 실향의 슬픔은 말하지 않고, 망향의 기쁨만 생각했다. 기억 속의 고향은 아름답기만 하다고 했다.

제1연에서 말한 "이름 지을 수 없는 슬픔"은 자기의 심정이 아니고 고향에 있는 숲이 주는 인상이다. 제2연에서 "한 소녀가 쓸쓸한 오솔길 위로 고독하게" 거니는 것을 생각하니 고향이 더욱 아름답고 그리움이 커진다고 일렀다. 제3연에서 "사나운 욕망에 사로잡혀" 고향을 버리고 어디로 가든 고향을 생각하면 안식을 얻는다고 알려주었다. 고향은 거절할 수 없는 매력을 지닌 "마술적인 테두리"여서 벗어날 때가 없다고 했다.

게스트Edgar A. Guest, 〈고향 마을The Home-Town〉

Some folks leave home for money
And some leave home for fame,
Some seek skies always sunny,
And some depart in shame.
I care not what the reason
Men travel east and west,
Or what the month or season--
The home-town is the best.

The home-town is the glad town
Where something real abides;
'Tis not the money-mad town
That all its spirit hides.
Though strangers scoff and flout it
And even jeer its name,
It has a charm about it
No other town can claim.

The home-town skies seem bluer
Than skies that stretch away,
The home-town friends seem truer
And kinder through the day;
And whether glum or cheery
Light-hearted or depressed,
Or struggle-fit or weary,
I like the home-town best.

Let him who will, go wander
To distant towns to live,
Of some things I am fonder
Than all they have to give.
The gold of distant places
Could not repay me quite
For those familiar faces
That keep the home-town bright.

사람들은 돈 때문에 고향을 떠나고,
명성을 얻으려고 떠나기도 한다.
항상 해가 뜬 하늘을 찾기도 한다.
부끄러워 떠나가는 사람도 있다.
이유가 무엇인지 상관하지 않으리,
동쪽으로도 서쪽으로도 여행해도.
그러나 달이나 계절이 언제이든
고향 마을이 가장 좋은 곳이다.

고향 마을은 반가운 마을이다.
진실한 것들이 있는 곳이다.
그곳에서는 돈벌이에 미쳐서
정신이 자취를 감추지 않았다.
낯선 사람들은 비웃고 조롱하며
이름만 듣고도 야유할지라도,

그곳에는 다른 어디에도 없는
그 나름대로의 매력이 있다.

고향 마을에서 보는 하늘은
멀리 뻗은 하늘보다 더 푸르다.
고향 마을에 사는 벗들은
언제나 진실하고 다정하다.
침울하거나 명랑하거나,
고조이거나 저조이거나,
성취하거나 성실하거나,
나는 고향 마을이 제일 좋다.

원한다면 헤매고 다니다가
먼 곳에 가서 살아도 된다.
그러나 내가 가진 것들이
그 쪽의 선물보다 더 좋다.
멀리서 가져온 황금을 내게
온전한 보답으로 삼을 수 없다.
낯익은 얼굴을 한 사람들이
고향 마을을 지키고 빛낸다.

　게스트는 영국 출신의 미국 근대시인이다. 1881년에 영국 버
밍검(Birmingham)에서 태어나고, 10세 때 부모를 따라 미국
디트로이트(Detroit)로 이주했다. 13세 때 아버지가 실직하자
학교를 중퇴하고 《디트로이트 프리 프레스》(Detroit Free Press)
라는 신문사에서 '카피 보이'(copy boy)라고 하는 원고 심부름을
하는 아이로 일하기 시작했다. 그 뒤에 그 신문사 기자가 되고
논설위원으로 승진해 36년 동안이나 근무했다. 신문에 쉽고 친
근한 시를 자주 실어 인기를 얻고, '대중시인'(People's Poet)이
라는 칭호를 얻었다.
　이 시인은 어려서 영국, 그 뒤에는 미국의 대도시에서만 살

아 고향이라고 할 것이 있었는지 의문이다. 신문사에서 일하기만 하고 시골 마을을 찾아 조용히 지내고자 하는 기회도 없었다. 고향 체험이라고 할 것이 없는 사람이다. 그런데도 이런 시를 지은 것은 신문 독자가 원하기 때문이었다. 대도시 디트로이트에 살면서 그 신문을 구독하는 독자들도 직접적인 체험이 없으면서 고향에 대한 막연한 동경을 마음에 품고 있어 이런 시를 즐겨 읽었다.

보다시피 고향을 "The Home-Town"이라고 막연하게 일컫고 구체적인 묘사는 없다. 고향에 대한 그리움을 불러일으킬 수 있는 말을 누구나 공감할 수 있게 열거했다. 특정한 사연을 갖추지 않아 보편성을 확보하고 광범위한 독자의 호응을 얻고자 했다. 고향이 좋은 이유는 무어라고 설명해도 말이 모자란다. 고향이란 국적이나 경력과 무관하게 누구나 지니고 있는 인류 공통의 신화임을 확인할 수 있다.

삭막하기 이를 데 없는 미국의 대도시에도 시가 있어야 하고, 고향을 그리워하는 시가 읽힌 것이 신기한 일이라고 생각된다. 그러나 다시 생각하면 당연하다. 사람은 어디서 어떻게 살든 사람이다. 사람은 시를 원한다. 사람이 살아남는 동안 시가 소멸되는 것은 있을 수 없다. 시가 존속되면 영원한 주제인 향수를 버리지 않는다.

도연명(陶淵明), 〈**전원에 돌아와 산다**(歸田園居)〉

少無適俗韻　　性本愛丘山
誤落塵網中　　一去三十年
羈鳥戀舊林　　池魚思故淵
開荒南野際　　守拙歸園田
方宅十餘畝　　草屋八九間
楡柳蔭後簷　　桃李羅堂前
暖暖遠人村　　依依墟里煙

狗吠深巷中　雞鳴桑樹顚
戶庭無塵雜　虛室有餘閒
久在樊籠裏　復得返自然

젊어서부터 속된 가락과는 맞지 않고,
천성이 본디 언덕과 산을 좋아했다.
먼지 얽힌 그물 속에 잘못 떨어져
한꺼번에 삼십 년이나 흘러갔다.
사로잡힌 새는 옛날의 숲을 그리워하고,
연못의 고기는 전에 살던 못을 생각한다.
남쪽 들 가장자리 황무지를 개간하고
졸렬한 분수 지켜 전원에 돌아가 살리라.
네모 난 집터 십여 이랑이고,
초가는 여덟 아홉 칸이네.
느릅나무 버드나무 뒤 처마 가리고,
복숭아나무 자두나무 집 앞에 늘어졌네.
아득히 사람 사는 동네가 있고,
흐릿하게 마을 연기가 피어오르네.
개는 깊숙한 골목에서 짖고,
닭은 뽕나무 꼭대기에서 우네.
문에도 뜰에도 잡스러운 티끌 없고,
텅 빈 방에 한가로움이 넉넉하네.
오랫동안 새장 속에 갇혀 있다가,
다시 자연으로 돌아왔노라.

　도연명은 중국 진(晉)나라 시인이다. 당나라 시인들보다 앞선 시기에 살았다. 이 시는 사연이 절실하고 표현이 적실해 널리 알려지고 사랑받는다. 실향으로 괴로워하거나 망향의 기대를 막연하게 지니지 않고 귀향을 실행하는 본보기를 일찍 보여 주어 수많은 모작이 생겨나게 했다.
　돌아가야 하는 곳을 고향이라고 하지 않고 "田園"이라고 했다. 전원은 밭 갈고 농사짓는 곳이어서 그리워하는 전원이 실제의 고향이 아니어도 좋은 마음의 고향이다. 도시에서 벼슬하는 삶을 버리고 농사짓는 삶을 택하려고 전원으로 돌아간다고 했다. 마음의 고향을 떠올리면서 할 말이 더 많아졌다.

(가) 고향 생각이 난다. (나) 고향의 정경이 그립다고 하는 두 가지 요소만 갖추어 기본 설정은 단순하다. 그러나 고향을 떠나 있는 동안의 불행과 고향에 돌아온 행복을 선명하게 대조해 나타냈다. 횔덜린, 〈고향〉에서 사랑의 괴로움이라고 한 불행이 혼탁한 세상에서 벼슬을 한 것으로 바뀌었다. 고향으로 돌아가야 불행에서 벗어날 수 있다고 하는 생각이 아주 절실하다.

벼슬하는 삶을 "塵網"이라고, 그곳에서 하는 문학의 기풍을 "俗韻"이라고 했다. 자기는 그쪽에서 뜻을 펼 수 없고, 편안함을 느끼지 못해 전원으로 돌아가 산을 벗 삼아 농사짓는 생활을 하겠다고 했다. 그렇다고 농민이 된 것은 아니다. 다른 사람들이 사는 동네와는 거리를 두고 있다고 했다. "無塵"·"有餘"·"自然"이라고 한 경지에 이르는 것을 목표로 삼았다.

예이츠W. B. Yeats, 〈호수 섬 이니스프리Lake Isle of Innisfree〉

I will arise and go now, and go to Innisfree,
And a small cabin build there, of clay and wattles made;
Nine bean rows will I have there, a hive for the honey bee,
And live alone in the bee loud glade.

And I shall have some peace there, for peace comes dropping slow,
Dropping from the veils of the morning to where the cricket sings;
There midnight's all a glimmer, and noon a purple glow,
And evening full of the linnet's wings.

I will arise and go now, for always night and day

I hear lake water lapping with low sounds by the shore;
While I stand on the roadway, or on the pavements grey,
I hear it in the deep heart's core.

나는 이제 일어나 가리라, 이니스프리로 가리라.
거기서 진흙과 욋가지로 작은 오두막을 짓고,
아홉 이랑 콩밭과 꿀벌 통 하나를 두고,
벌 소리 요란한 공터에서 혼자서 살리라.

그리고 거기서 평화를 조금 누리리라, 평화는 천천히
아침의 장막에서 귀뚜라미 우는 곳으로 방울져 내리리라.
그곳 한밤중에는 온통 희부옇고, 대낮이면 보랏빛 광채,
저녁에는 홍방울새 날개 소리가 가득한 곳에서.

나는 이제 일어나 가리라, 밤에도 낮에도 계속해서
호수 물이 밀려와 조용하게 철럭이는 소리 들리니.
도로나 회색 포장 위에 내가 서 있을 때에도
가슴 깊은 곳으로 그 소리가 들려오니.

예이츠는 아일랜드 근대시인이다. 이 작품도 널리 알려져 있다. 앞에서 든 도연명, 〈전원에 돌아가 산다〉에서 "먼지 얽힌 그물"에서 벗어난다고 한 것처럼 여기서는 "도로나 회색 포장"에 서 있는 처지에서 떠나겠다고 했다. 한시에서 쓰는 말은 시제가 없으므로 도연명의 시는 마음의 고향 찾기의 소망인지 결과인지 분명하지 않지만, 여기서는 "나는 가리라"고 하는 미래형을 사용했다. 찾아가는 곳 전원이나 호수의 섬은 혼잡을 멀리 하고 마음을 편안하게 할 수 있는 장소이다. 그곳이 나고 자란 실제의 고향이라고 하지는 않은 마음의 고향이다.

마음의 고향으로 돌아가 농사를 지으면서 조용하게 살겠다는 것은 공통된 소망이다. 도연명은 황무지를 개간해 농사를 짓겠다고 하고, 예이츠는 콩밭을 가꾸는 농사에다 꿀벌 치는

것까지 보냈다. 도연명은 먼지 그물, 속된 가락에서 벗어나 돌아가고 싶은 소망이 간절하다고 사로잡힌 새와 연못의 고기를 들어 말하고, 예이츠는 도로나 회색 포장 위에 서 있다고 하는 말로 돌아가야 할 이유를 알렸다.

예이츠가 말한 도로는 이동을 위한 통로이다. 회색 포장을 한 인위적인 변개로 이동을 재촉한다. 그런데 자기는 가지 않고 서 있다고 했다. 줄곧 서 있기만 할 수 없어 마음의 고향을 찾아야 한다고 술회했다. 귀뚜라미 울음과 홍방울 새의 날개 소리가 들리고, 시간에 따라 색깔이 변하는 것을 상상하면서 돌아가면 누릴 기쁨이 찬란하리라고 기대했다.

두 작품은 사용 언어, 창작 시기, 창작 동기, 문화 배경 등이 아주 다르면서, 하는 말은 거의 같다. 널리 알려져 애독되면서 깊은 공감을 자아내는 것도 같다. 남들과 복잡하게 얽혀 힘들게 살아가는 처지에서 벗어나 마음의 고향으로 돌아가 자기만의 평화를 누리고자 하는 소망이 누구에게나 있기 때문이다.

노천명, 〈망향(望鄕)〉

언제든 가리라. 마지막엔 돌아가리라.
목화꽃이 고운 내 고향으로.

아이들이 하늘타리 따는 길머리론 학림사 가는 달구지가
  졸며 지나가고
등잔 심지를 돋우며 돋우며 딸에게 편지 쓰는 어머니도
  있었다.

둥굴레산에 올라 무릇을 캐고, 활나물·장구채·범부채
  를 뜯던 소녀들은 말끝마다 꽈 소리를 찾고,
개암쌀을 까며 소년들은 금방망이 놓고 간 도깨비 얘길
  즐겼다.

목사가 없는 교회당 회당지기 전도사가 강도(講道)상을
  치며 설교하던
촌 그 마을이 문득 그리워 아라비아서 온 반마(斑馬)처럼
  향수에 잠기는 날이 있다.

언제든 가리 나중엔 고향 가 살다 죽으리.
메밀꽃이 하얗게 피는 촌 조밥과 수수엿이 맛있는 고을.

나뭇짐에 함박꽃을 꺾어오던 총각들 서울 구경이 소원
  이더니,
차를 타보지 못한 채 마을을 지키겠네.

꿈이면 보는 낯익은 동리.
우거진 덤불에서 찔레순을 꺾다나면 꿈이었다.

　노천명은 한국 근대시인이다. 고향을 그리워하는 시를 쓰면
서, 오늘날의 사람들은 모르는 다음과 같은 식물 이름을 많이
들었다. 무슨 말인지 찾아보니 다음과 같다.
　"하눌타리"는 박과의 여러해살이 덩굴풀이다. 길이는 3~5미
터이며, 잎은 어긋나고 손바닥 모양으로 갈라진다. 7·8월에
자주색 꽃이 잎겨드랑이에 피고 열매는 공 모양으로 누렇게 익
는다. 과육은 화장품 재료로 쓰고 덩이뿌리와 씨는 약용한다.
　"무릇"은 백합과의 여러해살이풀. 파, 마늘과 비슷한데 봄에
비늘줄기에서 마늘잎 모양의 잎이 두세 개가 난다. 구황식물로
쓴다. "활나물"은 콩과의 한해살이풀이다. 높이는 20~60센티
미터이며, 잎은 어긋나고 넓은 선 모양이거나 피침 모양이다.
　"장구채"는 석죽과의 두해살이풀이다. 높이는 30~80센티
미터 정도이며, 잎은 마주나고 긴 타원형 또는 넓은 피침 모양
이다. 7월에 흰 꽃이 잎겨드랑이와 줄기 끝에 취산화서(聚繖花
序)로 피고, 열매는 삭과(蒴果)이다. 어린잎과 줄기는 식용하고

씨는 약용한다. "취산화서"는 꽃이 피는 순서에 관한 용어이다. 먼저 꽃대 끝에 한 개의 꽃이 피고 그 주위의 가지 끝에 다시 꽃이 피고 거기서 다시 가지가 갈라져 끝에 꽃이 핀다. 미나리아재비, 수국, 자양화, 작살나무, 백당나무 따위가 있다.

"범부채"는 붓꽃과의 여러해살이풀이다. 높이는 50~100센티미터이고, 잎은 좌우로 편평하다. 7~8월에 누런 붉은색에 짙은 반점이 있는 꽃이 산상(傘狀) 화서로 피고 열매는 삭과(蒴果)로 타원형이다. 뿌리줄기는 사간(射干)이라고 하며 약재로 쓴다.

"개암"은 개암나무의 열매이다. 모양은 도토리 비슷하며 껍데기는 노르스름하고 속살은 젖빛이며 맛은 밤 맛과 비슷하나 더 고소하다. "개암쌀"은 무슨 말인지 찾지 못했다. "함박꽃"은 철쭉꽃의 방언이다. 이런 말을 잊고 지내는 것이 고향 상실의 증후이다. 고향에서 자연과 더불어 살 때에는 일상생활의 일부였던 이런 식물과 지금은 아무 관련 없이 살고 있다. 고향 상실로 자연과의 유대를 잃고 가여운 외톨이가 되었다.

제5장
기대와 실망

잠Francis Jammes, 〈정오의 마을Le village à midi: À Ernest Caillebar〉

Le village à midi. La mouche d'or bourdonne
     entre les cornes des bœufs.
      Nous irons, si tu le veux,
Si tu le veux, dans la campagne monotone.

Entends le coq... Entends la cloche... Entends le paon...
     Entends là—bas, là—bas, l'âne...
      L'hirondelle noire plane,
Les peupliers au loin s'en vont comme un ruban.

Le puits rongé de mousse ! Écoute sa poulie
     qui grince, qui grince encor,
      car la fille aux cheveux d'or
tient le vieux seau tout noir d'où l'argent tombe en pluie.

La fillette s'en va d'un pas qui fait pencher
     sur sa tête d'or la cruche,
      sa tête comme une ruche,
qui se mêle au soleil sous les fleurs du pêcher.

Et dans le bourg voici que les toits noircis lancent
     au ciel bleu des flocons bleus ;
      et les arbres paresseux
à l'horizon qui vibre à peine se balancent.

정오의 마을. 금빛 파리 붕붕거리네
     황소 뿔 사이에서.
      우리는 가리라, 그대가 좋다면.
그대가 좋다면, 단조로운 들판으로 가리라.

수탉 소리 들게나... 종소리 들게나... 공작 새 소리 들게나...
　　당나귀 소리 저기, 저기 들게나...
　　검은 제비가 날아다니고,
미루나무들은 리본 모양을 하고 멀리 물러나 있네.

이끼로 삭은 우물! 삐걱거리는 도르래
　　아직도 삐걱거리는 소리를 들게나.
　　낡고 새까만 두레박을 잡은
금발의 소녀가 은빛 비를 쏟아 부으니.

소녀가 가는 걸음에, 금발에 얹은
　　물동이 기우뚱거리네.
　　벌집 같은 그 머리
복사꽃 아래에서 햇빛을 받고 있네.

마을에서는 보게나, 검게 된 지붕들이
　　푸른 하늘을 향해 내뿜는 푸른 솜뭉치를.
　　나무들이 게으르게 하느작거리는 것을
멀리 가까스로 떠오르는 지평선에서.

　프랑스 근대시인 프랑시스 잠의 작품이다. 누구에게 준다고
한 부제는 번역에서 생략했다. 줄을 시작하는 위치가 달라지
는 것은 그대로 옮겼다. 제1연 앞에서는 금빛 파리가 황소 뿔
사이에서 붕붕거리는 모습을 눈앞에서 보는 듯이 그리고, 뒤
에서는 가정법을 사용해 "그대"(tu)라고 일컬은 동반자에게 원
한다면 그런 시골 마을로 함께 가자고 했다. 동반자가 대답한
말이 없으니 간 것은 아니고, 가고 싶은 곳에 가서 보고 싶은
풍경을 자세하고 생동하게 그렸다. 마음속에 지닌 기억을 조
립해 가장 아름다운 그림을 만들어 보여주었다.
　마음의 고향이라고 할 수 있는 곳을 찾아간다고 했다. 동반

자가 있으면 마음의 고향으로 가는 즐거움이 더 커진다고 여겨, 자연물과의 공감과 사람끼리의 공감을 함께 누리고자 권유했다. 가서 자리를 잡고 농사를 짓겠다고 하지는 않고, 정겨운 것들을 듣고 보고 즐기는 나그네 노릇을 하자고 했다. 머물러 농사를 지으면 어려움이 있을 수 있지만, 지나가면서 보기만 하면 모든 것이 즐겁다. 정오의 햇빛이 밝게 비출 때 한꺼번에 보이는 장면을 그림을 그리듯이 그렸다. 금빛 파리가 붕붕거린다고 한 제1연의 근경에서, 지평선에서 나무들이 하느작거린다고 한 제5연의 원경까지 시야를 확보하고, 제3연과 제4연에서 그린 소녀의 모습을 중심에 두었다. 소녀의 금발 머리를 복사꽃 아래에서 햇빛을 받고 있는 벌집 같다고 하는 데서 빛나는 것을 그리기 좋아하는 취향을 가장 잘 나타냈다. 그 모든 것이 인상파 그림과 아주 흡사하다. 인상파 그림이 크게 평가되던 시기에 같은 기법을 사용하는 시를 지었다.

잠Francis Jammes, 〈**나는 찾아갔다**J'ai été visiter: À Arthur Chassériau〉

J'ai été visiter la vieille maison triste
du village où vécurent les anciens parents :
la route en cabriolet, pleine de soleil,
était toute triste et douce comme le miel.
Il y avait la plaine bleue et des pigeons
qui volaient le long des labours que nous longions.
La jument était bien vieille et bien fatiguée.
Elle me faisait de la peine et semblait âgée
comme les choses de l'ancien temps où j'allais.
Je savais que, depuis cent ans, ils étaient morts,
les vieux parents naïfs, doux, aux yeux sans remords,
qui allaient sans doute à la messe le dimanche
avec leur plus magnifiques chemises blanches.

J'avais appris qu'ils avaient demeuré jadis
dans ce village loin où alors je partis
pour voir si je reconnaîtrais cette patrie
où doivent être leurs tombes pleines d'orties.
En arrivant je déposai le petit chien
doux qui dormait sur mes genoux entre mes mains.
Le paysan se mit à l'ombre de la place
qui était au soleil froide comme la glace.
C'était midi au vieux clocher tout ruiné,
près d'une tour vieille comme le passé,
et des gens à qui je m'adressais répondaient :
les gens dont vous parlez... nous n'avons pas idée...
Il y a très longtemps, sans doute, très longtemps...
Il y avait une femme de quatre-vingts ans
qui est morte il y a quelques jours. Elle aurait pu
vous renseigner, peut-être, sur ces disparus.
Et j'allais de porte en porte — et chez le notaire
qui a l'étude du père de mon arrière-grand-père
et chez le curé qui ne connaissait pas non plus...

나는 찾아갔네, 낡고 쓸쓸한 집을,
선조들이 살고 있던 마을로.
마차로 가는 길에 햇빛이 비추어
무엇이든 쓸쓸해도 꿀처럼 다사로웠다.
푸른 들판이 길게 이어지고,
가까운 밭에서 비둘기들이 날아다녔다.
말이 아주 늙고 무척 지쳐 있어
마음 상하게 하면서 오랜 세월을 말해주었다.
내가 가는 곳의 옛것들처럼.
나는 알고 있다. 백 년 전에 돌아가신 조상님들은
순박하고 부드러우며, 후회하지 않는 눈빛을 하고,
일요일이면 미사에 참석하러 갔을 것이다.
가장 화사한 흰옷 차림으로.

그분들이 이 외진 마을에 살았던 것을 알고
나는 지금 찾아가는 길이다.
쐐기풀 가득한 그분들의 무덤이 있을
이 고장을 알아보려고.
도착하자 나는 강아지를 내려놓았다,
무릎 위 두 손 사이에서 잠자고 있던.
농부는 햇빛 비추는 광장으로 나가
얼음처럼 시원한 그늘을 찾아갔다.
거의 허물어진 낡은 종루에서 정오를 알렸다,
옛날처럼 낡은 탑 곁에 서 있는.
사람들에게 말을 물어보니 대답했다.
당신이 말하는 그분들... 생각이 나지 않아요..
아주 오래 전, 아마도, 아주 오래 전이겠지요...
여든 살 할머니가 한 분 계셨는데
며칠 전에 세상을 떠났다오.
당신에게 대답할 말이 있을 분은 없어졌다오.
나는 이 집 저 집 문전을 찾아 다녔다.
옛날에 고조부가 공증인 사무실을 내고 있었다는 곳
　에서도,
신부마저도 알지 못한다고 했다...

　시인 잠이 고향을 찾아갔다는 시에 이런 것도 있다. 여기도
누구에게 준다고 한 부제가 있는데 번역에서 생략했다. 작품
이 너무 길어 앞에서부터 삼분의 일 정도만 들었다. 같은 시인
의 작품인데 앞의 것과 아주 다르다. 앞에서는 마음의 고향을,
여기서는 실제의 고향을 말했다. 마음의 고향은 아름답게 그
리더니, 실제의 고향을 찾아간 내력을 말하자 모든 것이 달라
졌다.

　선조들의 자취를 찾아 고향 마을에 갔으나 아는 사람이 없었
다는 사연을 자세하게 서술해 알려주었다. 실제의 귀향은 즐

겁지 않았다. "쓸쓸하다"(triste)라는 말을 반복했다. 찾아가는 마을은 "낡았다"(vieux)고 거듭 일렀다. 선조의 자취는 낡은 마을에서도 너무 낡아 아는 사람이 없었다. 기대가 실망으로 바뀌는 것이 귀향의 실상임을 말해주었다. 고향은 선조가 살던 곳이라고 생각한 것이 김소월, 〈고향〉과 같다. 고향에서 선조를 찾으면 과거와 연결된다. 뿌리를 찾아 현재의 흔들림에서 벗어나려고 고향으로 돌아가고 선조의 행적을 알려고 한다. 그러나 잊혀진 선조를 찾을 수 없어 과거로 돌아가는 것이 가능하지 않았다. 헤매고 다니니 실망이 더 커졌다.

과거와 현재가 다르다는 것을 분명하게 했다. 현재가 확실할수록 과거는 더욱 불확실하다. 고향을 찾아가 어떻게 했는지 지나치다고 할 만큼 자세하게 말해 과거는 현재와 다르다는 것을 분명하게 했다. 현재의 시간은 앞의 작품 〈정오의 마을〉에서와 같이 정오이다. 정오라는 시간이 거기서는 마음의 고향에서 기대하는 즐거움을 키우고, 여기서는 실제의 고향에 남아 있어야 할 선조의 자취를 찾으려고 하는 방황을 더욱 암담하게 한다.

정지용, 〈향수〉

넓은 벌 동쪽 끝으로
옛이야기 지즐대는 실개천이 휘돌아 나가고,
얼룩배기 황소가
해설피 금빛 게으른 울음을 우는 곳,

… 그곳이 차마 꿈엔들 잊힐리야.

질화로에 재가 식어지면
비인 밭에 밤바람 소리 말을 달리고,

엷은 졸음에 겨운 늙으신 아버지가
짚베개를 돌아 고이시는 곳,

… 그곳이 차마 꿈엔들 잊힐리야.

흙에서 자란 내 마음,
파아란 하늘빛이 그리워
함부로 쏜 화살을 찾으려
풀섶 이슬에 함초롬 휘적시던 곳,

… 그곳이 차마 꿈엔들 잊힐리야.

전설 바다에 춤추는 밤물결 같은
검은 귀밀머리 날리는 어린 누이와
아무렇지도 않고 예쁠 것도 없는 사철 발 벗은 아내가
따가운 햇살을 등에 지고 이삭 줍던 곳,

… 그곳이 차마 꿈엔들 잊힐리야.

하늘에는 석근 별,
 수도 없는 모래성으로 발을 옮기고,
서리 까마귀 우지짖고 지나가는 초라한 지붕,
흐릿한 불빛에 돌아앉아 도란도란거리는 곳,

… 그곳이 차마 꿈엔들 잊힐리야.

　　한국 근대시인 정지용이 남긴, 널리 알려진 시이다. 이 작품
의 고향은 실제의 고향으로 이해되지만 마음의 고향이다. 마음
의 고향을 그림으로 그린 것이 잠의 〈정오의 마을〉과 같다. "그
곳이 차마 꿈엔들 잊힐리야"라는 말을 되풀이해서 돌아가 다시
보는 모습은 아님을 분명하게 했다. 마음의 고향을 마음껏 상상

하면서 다채롭게 그렸다. 마음의 고향에 대한 그리움을 일깨워주고, 표현이 뛰어나 신선한 충격을 준다. 잠은 〈정오의 마을〉에서 인상파 그림 기법을 사용하는 것을 자랑하면서 정오의 사물을 광채를 뚜렷하게 살려 보여주었다. 여기서는 석양 무렵에서 밤까지 어둠을 배경으로 휘휘 감기면서 움직이는 것들을 능숙한 붓놀림으로 글씨를 쓰듯이 그리는 수묵화를 새롭게 해서보여주었다.

전통의 계승보다 혁신이 더욱 깊은 인상을 준다. 제1연의 "옛이야기 지즐대는 실개천", 제2연의 "밤바람 소리 말을 달리고", 제4연의 "전설 바다에 춤추는 밤 물결 같은 검은 귀밑머리"에서는 기발한 비유를 사용해 놀라운 심상을 만들어냈다. 제3연에서 "파아란 하늘 빛이 그리워 함부로 쏜 화살"을 말하고, 제5연에서 "알 수도 없는 모래성으로 발을 옮기고"라고 한 것은 마음의 고향이 동경과 모험의 출발점이어서 더욱 소중하다고 일깨워준다.

앞에서 든 것들과 같은 표현이 뛰어나 마음을 사로잡는다. 제2연의 "아버지", 제4연의 "누이"와 "아내"가 정겨운 모습을 자연스럽게 지니고 다가오는 것이 앞에서 든 김상용의 〈향수〉와 다르다. 정신이 퇴락하고 혼미해진 상태에서 벗어나 정신을 되살리기 위해 고향으로 돌아가야 한다고 생각하게 한다. 이에 공감하는 많은 사람이 이 시를 읽고, 노래로 부른다.

정지용, 〈고향〉

고향에 고향에 돌아와도
그리던 고향은 아니러뇨.

산꿩이 알을 품고
뻐꾸기 제 철에 울건만,

마음은 제 고향 지니지 않고
머언 항구로 떠도는 구름.

오늘도 뫼 끝에 홀로 오르니
흰 점 꽃이 인정스레 웃고,

어린 시절에 불던 풀피리 소리 아니 나고
메마른 입술에 쓰디쓰다.

고향에 고향에 돌아와도
그리던 하늘만 높푸르구나.

　성지용이 지은 이 시는 앞의 것과 아주 다르다. 고향을 미화
하다가 고향에 대한 실망을 나타냈다. 뜻밖의 일이라고 할 것
은 아니다. 한 시인이 두 고향을 다르게 말하는 것을 잠의 두
작품에서 보고, 정지용의 이 두 작품에서 다시 본다. 마음의
고향을 아름답게 그리다가 실제의 고향에 가서는 실망한다는
점이 같아 공통된 심정을 확인할 수 있다. 서정시는 여러 시
인이 각기 다른 곳에서 지은 것들이 기본 성격뿐만 아니라 세
부적인 사항까지 일치한다는 사실을 입증하는 좋은 사례이다.
찾아간 고향은 그리던 고향이 아니라고 제1연에서 분명하게
말했다. 개별적 사실의 공통점은 의미가 없다. 마음의 고향에
서는 무엇이든지 이어져 "휘돌아" 즐겁기만 한데, 실제의 고향
에서는 모두 이 작품 제4연에서 명시한 것처럼 "홀로" 떨어져
있어 외로움과 소외감을 자아냈다. 제3연은 마음의 고향에서
간직한 동경이나 모험의 재현이 아니고 실제의 고향에서 실망
해 다시 떠나고자 하는 심정의 표현이다.
　고향에서 무엇을 찾고 어떤 것을 기대했는지 말하지 않고 실
망했다고만 했다. 그래도 이해가 되는 것은 실제의 고향에서
는 실망하는 것이 예사이기 때문이다. 잠은 실망을 받아들이

지 않으려고 줄곧 애써 이 말 저 말 장황하게 이었는데, 정지
용은 이 작품에서 고향이 아닌 다른 곳으로 가겠다고 쉽사리
마음을 바꾸어 마무리가 깔끔하다.

신경림, 〈고향길〉

아무도 찾지 않으려네
내 살던 집 툇마루에 앉으면
벽에는 아직도 쥐오줌 얼룩져 있으리
담 너머로 늙은 수유나뭇잎 날리거든
두레박으로 우물물 한 모금 떠 마시고
가윗소리 요란한 엿장수 되어
고추잠자리 새빨간 노을길 서성이려네
감석 깔린 장길은 피하려네
내 좋아하던 고무신집 딸아이가
수를 끼고 앉았던 가겟방도 피하려네
두엄더미 수북한 쇠전마당을
금줄기 찾는 허망한 금전꾼되어
초저녁 하얀 달 보며 거닐려네
장국밥으로 깊은 허기 채우고
읍내로 가는 버스에 오르려네
쫓기듯 도망치듯 살아온 이에게만
삶은 때로 애닯기도 하리
긴 능선 검은 하늘에 박힌 별 보며
길 잘못 든 나그네 되어 떠나려네

　신경림은 한국의 현대시인이다. 옛적의 고향이 아닌 것을 알
고 고향을 찾아 떠나가는 심정을 착잡하게 나타냈다. 실망을
하지 않을 수 없는 사유는 말하지 않고, 실망의 무게로 독자를

짓누른다. 눈에 보이는 정경을 무엇이든지 가리지 않고 자세하게 그려 어디에도 안착하지 못하는 허허로움을 보여주었다.

최하림, 〈집으로 가는 길〉

많은 길을 걸어 고향집 마루에 오른다
귀에 익은 어머님 말씀은 들리지 않고
공기는 썰렁하고 뒤꼍에서는 치운 바람이 돈다
나는 마루에 벌렁 드러눕는다 이내 그런
내가 눈물겨워진다 종내는 이렇게 홀로
누울 수밖에 없다는 말 때문이
아니라 마룻바닥에 감도는 처연한 고요
때문이다 마침내 나는 고요에 이르렀구나
한 달도 나무들도 오늘 내 고요를
결코 풀어주지 못하리라

최하림은 한국 현대시인이다. 고향에 가도 고향이 아니라는 시이다. "귀에 익은 어머님 말씀은 들리지 않고" 모든 것이 달라져 낯설기만 하다고 했다. "처연한 고요"에 이르르는 절망을 경험하고 돌아선다고 했다. 고향은 실망을 확인하는 곳이다.

무로오 사이세이(室生犀星), 〈고향은(ふるさとは)〉

ふるさとは遠きにありて思ふもの.
そして悲しくうたふもの.
よしや,
うらぶれて異土の乞食となるとても
帰るところにあるまじや.
ひとり都のゆふぐれに

82

ふるさとおもひ涙ぐむ、
そのこころもて
遠きみやこにかへらばや
遠きみやこにかへらばや

고향은 멀리 두고 생각하는 것.
그리고 슬프게 노래하는 것.
설령
서글프게도 타향에서 거지가 되어도,
돌아갈 곳은 아니겠지
홀로 도시의 해질 녘에
고향을 생각하며 눈물짓는
그 마음으로,
먼 서울로 돌아가야지,
먼 서울로 돌아가야지.

  일본 근대시인 무로오 사이세이는 고향을 이렇게 노래했다. 고향을 멀리 두고 생각하면서 슬픈 노래를 부른다고 한 것은 예사로운 사연이다. "타향에서 거지가" 되고, "홀로 도시의 해질 녘에 고향을 생각하며 눈물짓는" 신세라면 귀향을 열망해야 하는데, 반대가 되는 말을 했다. 고향으로 가지 않고 "먼 서울로 돌아가야지"라고 했다. 고향으로 돌아가지 않겠다고 한 이유는 밝히지 않았으므로 독자가 추측해야 한다. 돌아가도 실망하기나 하고 위안을 받지 못하라고 생각했다는 것이 쉽게 할 수 있는 일반적인 추측이다. "먼 서울로 돌아가야지"라고 한 말과 연결시켜 생각하면 추측의 범위를 좁힐 수 있다. 고향을 떠난 것은 새로운 삶을 개척하기 위한 선택이고, 서울로 가서 뜻을 이루고자 했을 것이다. 거지가 된 초라한 행색을 고향에 서는 면할 수 없으므로, 서울로 다시 가서 더욱 분투해야 한다고 다짐했다고 생각된다.

자고브Max Jacob, 〈천 번의 후회Mille regrets〉

J'ai retrouvé Quimper où sont nés mes quinze premiers ans
Et je n'ai pas retrouvé mes larmes.
Jadis quand j'approchais les pauvres faubourgs blancs
Je pleurais jusqu'à me voiler les arbres.
Cette fois tout est laid, l'arbre est maigre et nain vert
Je viens en étranger parmi des pierres
Mes amis de Paris que j'aime, à qui je dois
D'avoir su faire des livres gâtent les bois
En entraînant ailleurs loin des pins maigres ma pensée
Heureuse et triste aussi d'être entraînée
Plutôt je suis de marbre et rien ne rentre. C'est l'amour
De l'art qui m'a fait moi-même si lourd
Que je ne pleure plus quand je traverse mon pays
Je suis un inconnu : j'ai peur d'être haï.
Ces gens nouveaux qui m'ignorent, je crois qu'ils me haïssent
Et je n'ai plus d'amour pour eux : c'est un supplice.

태어나 십오 년 동안 살던 켕페르를 다시 찾았다.
그래도 눈물을 다시 찾지는 않았다.
예전에는 흰빛을 띤 가난한 변두리로 다가갈 때면
나무들이 눈을 가릴 만큼 울었다.
이번에는 모든 것이 너절하고, 나무는 마르고 푸른 난장이이다.
나는 이방인이 되어 돌무더기 사이로 돌아왔다.
책 내는 것을 알려주어서 신세를 진,
내가 사랑하는 파리의 벗들이 숲을 망쳤다.
빈약해진 소나무 더미에서 내 생각을
멀리까지 밀어내 행복하다가 슬퍼졌다.
나는 차라리 대리석 인간이라 느낌이 없다.
예술의 사랑이 나를 이처럼 무겁게 만들어
고향을 지나가면서도 울지 않았다.

나는 낯선 사람이다. 미움을 받을까 두렵다.
나를 몰라보는 젊은이들이 나를 미워하리라고 생각한다.
나도 그 사람들에게 애정이 없다. 이것은 고통이다.

프랑스 현대시인 자코브가 이런 시를 썼다. "캠페르"(Quimper)
는 브르타뉴에 있는 고풍스러운 도시이다. 시인은 고향인 그
곳에 돌아가 이중의 고통을 겪었다. 알아주는 사람이 없는 이
방인이 된 것이 고통이다. 고향이 변해서 자연히 훼손된 모습
을 보는 것이 또 하나의 고통이다. 둘 다 자기가 파리에서 가
서 작가로 입신하는 동안에 일어난 변화이다. 파리의 벗들이
책 내는 것을 알려주어 시인이 되는 동안 숲이 망쳐지고 돌무
더기만 남게 된 곳에 돌아왔다고 탄식했다. 파리에서 밀어닥
친 도시화의 풍조에 자기를 도와준 파리의 벗들이 책임이 있는
듯이 말했다.

프레베르Jacques Prévert, 〈귀향Le retour au pays〉

C'est un Breton qui revient au pays natal
Après avoir fait plusieurs mauvais coups
Il se promène devant les fabriques à Douarnenez
Il ne reconnaît personne
Personne ne le reconnaît
Il est très triste.
N entre dans une crêperie pour manger des crêpes
Mais il ne peut pas en manger
Il a quelque chose qui les empêche de passer
Il paye
Il sort
Il allume une cigarette
Mais il ne peut pas la fumer.
Il y a quelque chose

Quelque chose dans sa tête
Quelque chose de mauvais
Il est de plus en plus triste
Et soudain il se met à se souvenir :
Quelqu'un lui a dit quand il était petit
"Tu finiras sur l'échafaud"
Et pendant des années
Il n'a jamais osé rien faire
Pas même traverser la rue
Pas même partir sur la mer
Rien absolument rien.
Il se souvient.
Celui qui avait tout prédit c'est l'oncle Grésillard
L'oncle Grésillard qui portait malheur à tout le monde
La vache!
Et le Breton pense à sa sœur
Qui travaille à Vaugirard
A son frère mort à la guerre
Pense à toutes les choses qu'il a vues
Toutes les choses qu'il a faites.
La tristesse se serre contre lui
Il essaie une nouvelle fois
D'allumer une cigarette
Mais il n'a Pas envie de fumer
Alors il décide d'aller chez l'oncle Grésillard.
Il y va
Il ouvre la porte
L'oncle ne le reconnaît pas
Mais lui le reconnaît
Et lui dit :
"Bonjour oncle Grésillard"
Et puis il lui tord le cou.
Et il finit sur l'échafaud à Quimper
Après avoir mangé deux douzaines de crêpes

Et fumé une cigarette.

브르타뉴 사람이 고향에 돌아가
여러 번 잘못 들었다가,
두아르네네즈의 공장 앞을 걸어가도
아는 사람이 없고
알아보는 사람이 없어
참담하구나.
크레프를 먹으려고 파는 가게에 들어가도
먹을 수 없다.
넘어가지 못하게 하는 무엇이 있다.
값을 치르고
밖으로 나온다.
담배에 불을 붙이고
피지 못한다.
무엇이 있어
머릿속에 있어
나쁜 것이 있어
더욱 더 참담하다.
갑자기 기억이 떠오른다.
어릴 적에 누가 말했다.
"너는 단두대에서 죽으리라"
여러 해 동안
아무것도 하지 못했다.
길을 건너지도 못하고,
바다로 나가지도 못했다.
하는 것이 아주 없었다.
기억한다.
그런 예언을 한 사람은 그레지야르 아저씨다.
그레지야르 아저씨는 누구에게나 나쁜 짓을 했다.
고약하구나!
브르타뉴 사람은 생각한다
보지라르에서 일하고 있는 누나를
전쟁에서 죽은 형을

본 것을 모두 생각한다.
한 것도 모두 생각한다.
참담함이 가슴을 조여
다시 시도한다.
담배에 불을 붙인다.
그러나 피고 싶지 않다.
마침내 그레지야르 아저씨 집으로 가려고 결심한다.
그곳으로 가서
문을 연다.
아저씨는 알아보지 못한다.
그래도 알아본다
아저씨에게 말한다:
"그레지야르 아저씨 안녕하세요."
그러고는 목을 조른다.
캥페르 단두대에서 죽고서
그레프를 두 다스나 먹고
담배를 피운다.

프랑스의 현대시인 프레베르가 이런 시를 썼다. 어느 브르타뉴 사람이 귀향해 겪게 되는 일을 보여주어 밑바닥 인생의 모습을 그렸다. 이야기가 영화의 장면처럼 펼쳐진다.

브르타뉴가 자기 고향은 아니다. 프랑스인과는 다른 브르타뉴 사람들은 차별을 받고 사는 소수민족이다. 주인공의 누나처럼 브르타뉴 사람들이 파리에 가서 일하는 것이 흔히 있는 일이다. 형은 전쟁에서 죽었다고 한 것도 수난의 전형적인 모습이다. 고향을 찾은 주인공이 귀향은 즐겁지 못하고 참담한 심정에 사로잡혔다는 것이 작품 전체의 내용이다.

불어에서는 고향을 "pays natal"이라고 한다. "태어난 고장"이라는 뜻이다. 이 작품 제목에서는 "natal"은 빼고 "pays"라는 말만 사용했으나, "retour"(귀환)가 앞에 있어 고향으로 돌아간다고 한 것을 알 수 있다. 프랑스에도 실향시나 귀향시가 더러 있는 가운데 이 작품을 택해 논의의 진전을 위한 긴요한 자료로 삼고자 한다.

　특별한 말이 몇 개 있어 설명이 필요하다. "브르타뉴"는 프랑스 서북쪽 지방이다. "두아르네네즈(Douarnenez)"는 브르타뉴의 작은 도시이다. "크레프(crêpes)"는 음식 이름이다. 브르타뉴 사람들이 자기 고장 특산이라고 자랑하면서 잘 먹는 팬케이크이다. "보지라르(Vaugirard)"는 파리에 있는 거리 이름이다. 상당한 번화가이다. "캥페르(Quimper)"는 브르타뉴의 도시이다. "그레지야르(Grésillard)"라는 아저씨 이름에는 특별한 의미를 찾지 못했다. 브르타뉴에 흔히 있는 이름인 것 같다. 이 작품은 잠의 〈나는 찾아갔다〉나 정지용의 〈고향〉과 상통하는 주제를 특별한 수법으로 구현했다. 프레베르는 문체가 독특한 시인으로 널리 알려져 있다. 알기 쉬운 구어를 쓰면서 호흡을 짧게 하고 줄을 자주 바꾸는 방식을 사용해 생각보다 행동이 앞서는 하층민의 삶을 나타냈다. 현재형의 시제만 사용해, 주인공이 움직이면서 벌어지는 사건을 벌어지는 사태를 영화의 장면이 연속되는 것처럼 보여주었다. 논리적 구성을 하지 않고 글을 써서, 연 구분은 없고 행이 연속되어 있다.

　서두에서 고향에 돌아가서 길을 잃고 헤매다가 기억이 나는 곳으로 가도 아는 사람이 없고 자기를 알아보는 사람이 없다고 한 것은 귀향해서 실망한 일반적인 정황이다. 그 뒤에 적응 장애가 구체화되었다. 다음에는 나쁜 기억이 떠올라 괴롭다는 마음을 토로했다. 과거의 나쁜 일을 이것저것 불러냈다. 자기가 단두대에서 처형되리라는 예언이 떠올라 참담한 심정이 극도에 이르렀다. 나중에 자기가 단두대에서 처형되리라고 말한 아저씨를 찾아가 죽인 것은 실제 상황일 수는 없다.

　눌러두었던 잠재의식이 발동해 환상을 만들어냈다. 잠재의식이 발동해 살인을 하고, 자기가 처형된다고 하는 데까지 이르렀다. 초현실주의적 발상으로 영화 장면을 만들었다. 그것이 결말은 아니다. 단두대 처형을 당한다고 생각하자 마음이 홀가분해져서, 크레프를 먹고 담배를 피우는 일상적인 삶을 되찾았다. 큰 도시에서 많은 사람이 보는 가운데 단두대에서 처형되는 장면 상상은 절망의 절정이면서 절망을 떨치고 일어서는 희망의 시초를 제공했다.

고향에서 느끼는 외로움이 실망을 가져온다고 했다. 그런 말을 더욱 심각하게 구체적으로 하고, 나쁜 기억이 없어지지 않고 생생하게 되살아나 침담하나고 했다. 극도에 이른 파탄을 겪고 마음의 안정을 찾았다. 귀향의 실망을 거쳐 희망으로 나아갔다. 자기가 죽게 되었다고 했던 아저씨를 찾아가 죽이고, 자기가 처형되는 환상을 떠올리기까지 하고는 안정을 찾았다. 정지용은 〈고향〉에서 고향에서 실망해 희망을 찾아 다른 곳으로 가려고 한다고 했는데, 여기서는 고향에서 실망한 것이 희망으로 나아가는 출구라고 했다.

고향이 아닌 다른 곳에 가면 희망을 얻는 것은 아니다. 실망을 넘어서 절망을 하는 시련을 겪어야 길이 열린다. 절망이 희망이다. 희망은 절망에서 찾아야 값지다. 고향으로 갔기 때문에 절망에서 희망을 찾았다. 그렇게 할 수 있는 곳이 고향이어서 고향이 소중한 줄 알게 한다.

제6장
고향이 아니다

하지장(賀知章), 〈**고향에 돌아와 우연히 짓는다**(回鄕偶書)〉

少小離家老大回
鄕音無改鬢毛衰
兒童相見不相識
笑問客從何處來

어려서 떠난 집에 늙어서 돌아오니
고향 말씨 그대론데 귀밑머리 성글었네.
아이들은 보고도 알아보지 못하고
웃으며 손님은 어디서 오셨냐고 묻네.

하지장은 중국 당나라 시인이다. 어릴 때 떠난 고향에 돌아가니 알아보는 사람이 없다고 했다. 아이들이 "손님은 어디서 오셨냐고" 물어 고향이 타향이었다. 세월이 많이 흘러, 고향이 더욱 그립고 찾아간 고향은 낯선 곳이 되었다. 사람은 이런 모순을 안고 살아간다고 말해주었다.

휴정(休靜), 〈**고향에 돌아오니**(還鄕)〉

三十年來返故鄕
人亡宅廢又村荒
靑山不語春天暮
杜宇一聲來杳茫

一行兒女窺窓紙
鶴髮鄰翁問姓名
乳號方通相泣下
碧天如海月三更

삼십 년 지나 고향을 찾아오니

사람 없고 집 무너지고 마을 황폐했네.
청산은 말이 없고 봄날이 저물어가는데,
두견새 한마디 소리 멀리서 들리네.

한 무리의 여자아이들 창으로 엿보고,
백발 된 이웃노인이 성명을 묻네.
어릴 적 이름이 통해 서로 잡고 우는데,
푸른 하늘 바다 같고 달은 이미 삼경이네.

　　휴정은 한국 조선시대 승려이다. 이 시 앞에 지은 내력을 지은 글이 있다. "나는 어려서 부모를 잃고 열여섯 살에 고향을 떠나 서른다섯 살에 고향을 찾아갔다. 옛집은 다 허물어져 보리밭이 되었고, 그 보리밭에는 푸른 봄보리만이 물결처럼 출렁이고 있었다. 슬픔을 금치 못하여 나는 옛집의 남은 벽에 이 시를 써 놓고는 거기서 하룻밤을 지샌 다음 산으로 돌아왔다." 시에서는 이보다 더 많은 것을 말했다.

　　앞에서 든 하지장, 〈고향에 돌아와 우연히 짓는다〉에서처럼, 고향을 찾아 실망한 사연을 말했다. 출가해 승려가 되었다가 돌아갔으니 고향과의 거리가 더 멀어졌다. 아이들이 낯선 사람을 이상하게 여겼다는 말을 다시 하고, 누구냐고 묻던 백발 노인과는 어릴 적 이름으로 통해 서로 잡고 운다고 했다. 과거를 되찾은 것이 흔한 일이 아니다. 과거를 되찾아도 돌아갈 수는 없다.

　　"삼십 년 지나" 고향을 찾으니 "사람 없고 집 무너지고 마을 황폐했"다고 말하기만 하지 않았다. 앞에서 "청산은 말이 없고 봄날이 저물어 가는데, 두견새 한마디 소리 멀리서 들리네"라고 하고, 뒤에서 "푸른 하늘 바다 같고 달은 이미 삼경이네"라고 하는 말로 자연의 모습도 함께 그렸다. 인생은 쇠락하지만 자연은 생생하다는 것을 알려주었다. 사람의 의지와는 무관하게 흘러가는 시간은 쇠락이 없고 생생하기만 하다. 생생한 시간의 흐름을 막고 고향 타령을 하는 것은 어리석은 짓이다.

최유청(崔惟淸), 〈고향에 처음 돌아와(故園歸初)〉

里閭蕭索人多換
墻屋傾頹草半荒
唯有門前石井水
依然不改舊甘凉

마을이 쓸쓸하고 사람 많이 바뀌고
담도 집도 기울어 풀이 반을 덮었네.
오직 문 앞에 있는 돌우물 물만은
의연히 그대로네, 예전 달고 시원한 맛.

　최유청은 한국 고려시대 시인이다. 오랜 세월이 지나 고향을
찾았다가 실망한 사연을 위의 두 시와 비슷하게 나타냈다. "사
람 많이 바뀌고"라고 했을 따름이고, 사람들과는 만나지 않았
다. 모든 것이 달라졌으나 우물의 물맛은 그대로라고 했다. 쇠
락하는 인생에 미련을 가지지 말고, 생생한 자연을 다시 찾으
면 실망하지 않을 수 있다.

리요우칸(良寬), 〈새벽(曉)〉

二十年來歸郷里
舊友零落事多非
夢破上方金鐘曉
空牀無影燈火微

이십 년만에 고향 마을에 돌아오니
옛 벗들은 영락하고 일이 많이 그릇되었네.
상방의 쇠북 소리에 꿈 깨는 새벽에
빈 상에 그림자도 없이 등불만 희미하다.

일본 승려 시인이 이런 시를 지었다. 휴정, 〈고향에 돌아오니〉에서와 같이, 오래 고향을 떠나 있던 승려가 돌아가면 실망이 크게 마련이다. 이 시에서는 고향 떠난 지 이십 년만에 돌아오니 "옛 벗들은 영락하고 일이 많이 그릇되었네"라는 말로 바람직하지 못한 변화가 일어나 실망스럽다고 했다.

그런데 뒤의 두 줄에서는 말이 달라졌다. 절간 새벽의 고요한 분위기에서 마음의 위안을 얻었다. 영락하고 그릇된 것을 마음에 두지 않고 '제행무상'(諸行無常)이 당연하다고 여기면 평안을 얻을 수 있다. "빈 상에 그림자도 없이 등불만 희미하다"는 것이 "옛 벗들은 영락하고 일이 많이 그릇되었네"와는 다른 차원이다.

아이헨도르프Josef von Eichendorff, 〈귀향Rückkehr〉

Mit meinem Saitenspiele,
Das schön geklungen hat,
Komm' ich durch Länder viele
Zurück in diese Stadt.

Ich ziehe durch die Gassen,
So finster ist die Nacht
Und alles so verlassen,
Hats anders mir gedacht.

Am Brunnen steh' ich lange,
Der rauscht fort, wie vorher,
Kommt mancher wohl gegangen,
Es kennt mich keiner mehr.

Da hört ich geigen, pfeifen,
Die Fenster glänzten weit,

Dazwischen drehn und schleifen
Viel' fremde, fröhliche Leut'.

Und Herz und Sinn mir brannten,
Mich trieb's in die weite Welt,
Es spielten die Musikanten,
Da fiel ich hin im Feld.

나는 나의 현악기를
아름답게 연주하면서,
수많은 나라를 돌아다니다가
이 고장으로 돌아왔네.

골목길을 따라 걸어가니
밤이 너무나도 어둡고,
무엇이든지 황량해서,
생각한 것과 다르구나.

우물가에 오래 서 있으니,
멀리서 예전처럼 지껄이다가
많은 사람이 지나가면서도,
나를 알아보지 못하네.

그러자 바이올린, 피리 소리 들리고,
넓게 열린 창문에서 빛이 나고,
빙빙 돌고 미끄러지며 춤추는
누군지 모를 행복한 사람들.

가슴과 생각에 불이 타올라
나는 넓은 곳으로 뛰쳐나갔네.
악사들이 연주하고 있는
그 들판으로 가서 쓰러졌네.

아이헨도르프는 독일 낭만주의 시인이다. 실향이나 방랑을 주제로 많은 시를 쓴 가운데 이것도 있다. 이 시의 서술자는 현악기를 아름답게 연주하면서 수많은 나라를 돌아다니다가 자기 고향으로 돌아와 소외감을 느끼고 절망에 사로잡힌다고 했다. 자기를 알아보는 사람이 없다고 한 데 자기의 음악을 알아주지 않는다는 것도 포함되어 있다.

그런데 고향 마을 사람들은 악사들의 반주에 맞추어 즐겁게 춤을 추고 있었다. 정열로 불타올라 그곳으로 뛰쳐나가 쓰러졌다고 했다. 이것은 사실인가 환상인가? 이것이 사실이라면, 고향 사람들은 음악과 춤을 즐기며 아주 행복하게 사는데 자기는 타향의 외로움을 알량한 연주로 달래는 것을 자랑했으니 부끄럽다고 해야 한다. 이것이 환상이라면, 모두 함께 즐기는 아름다운 음악에 대한 기대가 귀향해서 느낀 소외와 실망 때문에 더욱 커져 감당할 수 없게 되었다는 말이다.

하기와라 사쿠타로오(萩原朔太郎), 〈코이데의 새 길(小出新道)〉

ここに道路の新開せるは
直(ちょく)として市街に通ずるならん。
われこの新道の交路に立てど
さびしき四方の地平をきはめず
暗鬱なる日かな
天日家並の軒に低くして
林の雑木まばらに伐られたり。
いかんぞいかんぞ思惟をかへさん
われの叛きて行かざる道に
新しき樹木みな伐られたり。

여기 도로가 새로 개통되어
곧 바로 시가로 통하겠지.

나는 이 새 길 교차점에 서 있으니,
서글프게도 사방의 지평을 분간할 수 없고.
암울한 날이구나,
화창한 햇살 늘어선 집들도 낮기만 하고,
숲의 잡목은 듬성듬성 잘렸구나.
안 돼 안 돼 하는 생각을 바꾸지 않고
내가 등을 돌리고 가지 않는 길에
새로운 나무들이 모두 잘렸다.

하기와라 사쿠타로오는 일본 근대시인이다. 코이데는 고향 마을 이름이다. 나무를 잘라내고 도로를 내서 자기 마을이 달라지는 것을 보고 암울해지는 심정을 나타냈다. 근대화와 더불어 전통 마을이 훼손되어 고향이 아니라고 하게 된 것이 흔히 있는 일이지만, 당하는 사람으로서는 처참한 생각이 들지 않을 수 없다.

박용철, 〈고향〉

고향은 찾아 무얼 하리
일가 흩어지고 집 흐너진데
저녁 까마귀 가을 풀에 울고
마을 앞 시내도 옛 자리 바뀌었을라.

어린 때 꿈을 엄마 무덤 위에
남겨두고 떠도는 구름 따라
멈추는 듯 불려온 지 여남은 해
고향은 이제 찾아 무얼 하리.

하늘가에 새 기쁨을 그리어보랴.

남겨둔 무엇일래 못 잊히우랴.
모진 바람아 마음껏 불어쳐라.
흩어진 꽃잎 쉬임 어디 찾는다냐.

험한 발에 짓밟힌 고향 생각
―아득한 꿈엔 달려가는 길이언만―
서로의 굳은 뜻을 남게 앗긴
옛 사랑의 생각 같은 쓰린 심사여라.

　박용철은 한국 근대시인이다. 이 시에서 고향을 찾으면 실망
할 것이므로 찾을 필요가 없다고 했다. 사람이 흩어졌을 뿐만
아니라 자연도 바뀌었으리라고 했다. "어릴 적 꿈을 엄마 무
덤 위에 남겨두고" 떠났으므로 더 기대할 것이 없다고 일렀다.
"험한 발에 짓밟힌 고향 생각"이라고 하면서 살아온 과정이 험
해서 고향 상실이 당연하다고 여기고 더 기대할 것이 없다고
했다.

이용악, 〈고향아 꽃은 피지 못했다〉

하얀 박꽃이 오두막을 덮고
당콩 너울은 하늘로 하늘로 기어올라도
고향아
여름이 안타깝다 무너진 돌담

돌 우에 앉았다 섰다
성가스런 하루해가 먼 영에 숨고
소리 없이 생각을 디디는 어둠의 발자취
나는 은혜롭지 못한 밤을 또 부른다

도망하고 싶던 너의 아들

가슴 한구석이 늘 차거웠길래
고향아
돼지굴 같은 방 등잔불은
밤마다 밤새도록 꺼지고 싶지 않았지

드디어 나는 떠나고야 말았다
곧 얼음 녹아내려도 잔디풀 푸르기 전
마음의 불꽃을 거느리고
멀리로 낯선 곳으로 갔더니라

그러나 너는 보드러운 손을
가슴에 얹은 대로 떼지 않았다
내 곳곳을 헤매어 살길 어두울 때
빗돌처럼 우두커니 거리에 섰을 때
고향아
너의 부름이 귀에 담기어짐을
막을 길이 없었다

"돌아오라 나의 아들아
까치둥주리 있는
아카시아가 그립지 않느냐
배암장어 구워먹던 물방앗간이
새잡이하던 버들방천이
너는 그립지 않나
아롱진 꽃그늘로
나의 아들아 돌아오라"

나는 그리워서 모두 그리워
먼 길을 돌아왔다만
버들방천에도 가고 싶지 않고
물방앗간도 보고 싶지 않고

고향아
가슴에 가로누운 가시덤불
돌아온 마음에 싸늘한 바람이 분다

이 며칠을 미칠 듯이 살아온 내게
다시 너의 품을 떠나려는 내 귀에
한마디 아까운 말도 속삭이지 말아다오
내겐 한걸음 앞이 보이지 않는
슬픔이 물결 친다

하얀 것도 붉은 것도
너의 아들 가슴엔 피지 못했다
고향아
꽃은 피지 못했다

　이용악은 한국 근대시인이다. 이 시에서 고향에 대한 착잡한
심정을 말했다. 고향을 떠날 수밖에 없었던 것이 안타깝다. 고
향이 그리워 돌아갔다. 찾아간 고향은 그리던 고향이 아니다.
고향을 다시 떠나려고 하니 "내겐 한 걸음 앞이 보이지 않는
슬픔이 물결 친다"고 일렀다. 고향 때문에 번민하는 것은 특별
히 어떤 사연이 있다고 설명할 수 없는, 어두운 시대를 살아야
하는 총체적인 비극임을 암시했다.

박인환, 〈고향에 가서〉

갈대만이 한없이 무성한 토지가
지금은 내 고향

산과 강물은 어느 날의 회화

피 묻은 전신주 위에
태극기 또는 작업모가 걸렸다
학교도 군청도 내 집도
무수한 포탄의 작열과 함께
세상엔 없다

인간이 사라진 고독한 신의 토지
거기 나는 동상처럼 서 있었다
내 귓전에 싸늘한 바람이 설레이고
그림자는 망령과도 같이 무섭다
어려서 그땐 확실히 평화로웠다
운동장을 뛰어다니며
미래와 살던 나의 내 동무들은
지금은 없고
연기 한 줄기 나지 않는다

황혼 속으로
감상 속으로
차는 달린다
가슴 속에 흐느끼는 갈대의 소리
그것은 비창한 합창과도 같다

밝은 달빛
은하수와 토끼
고향은 어려서 노래 부르던
그것뿐이다

비 내리는 사경(斜傾)의 십자가와
아메리카 공병이
나에게 손짓을 해준다

한국 현대시인 박인환은 이런 시를 지었다. 고향을 찾아갔어도 옛 모습이 없는 것을 한탄했다. 전쟁 때문에 파괴된 터전에서 지난날을 회상하는데, "아메리카 공병"이 손짓을 한다고 했다. 다정한 이들은 보이지 않고 전혀 낯선 사람이 아는 체하니 어처구니없다. 모든 것이 뒤집힌 상황이다.

박현령, 〈고향에 다녀와서: 변화에 바람〉

고향은 없었다.
길도 없었다.
웬 낯선 중소도시가 내 앞을
가로막고 있었다.
변화의 바람이 지금도 세차게
불고 있었다.
아카시아 꽃잎을 따서 먹으며
장난치며 걷던 철길도 없었다.
내가 살던 집을 찾아서
방황하고 또 방황했다.
내 집 뒤에서 기적소리를 내며
달려오는 소녀도
정거장도 없었다.
고향은 소멸되고, 낯선 사람들의
고향으로 다시 태어나고 있었다.

박현령은 한국 현대시인이다. 고향을 찾았으나 시골 마을의 옛 모습은 사라지고 생소한 중소도시가 들어선 것을 보고 한탄했다. 자기 고향이 "낯선 사람들의 고향으로 다시 태어나고 있었다"고 했다. 사라지고 변하는 것이 당연한 줄 알면 고향에 애착을 가지는 것이 부질없는 짓이다.

제7장
고향을 찾지 말아라

충지(冲止), 〈이행검 공에게 답한다(答李公行儉)〉

古園家業日荒凉
遊子迷津去路長
若向箇中廻眼覷
元來脚下是吾鄉

옛 동산의 집안일은 날로 황량해지고
나그네는 건널 나루 잃어 길이 멀어졌다.
그런 가운데도 눈을 돌려 다시 보면
다리로 딛고 섰는 그곳이 바로 고향이다.

　충지는 한국 고려후기의 선승이다. 이 시에서 선승의 깨달음을 속인에게 전해주었다. 앞의 두 줄에서는 번뇌에 찬 일상적인 삶의 고달픔을 말했다. 바라는 바가 많으니 하고 있는 일이 잘못되고, 멀리까지 가야 한다고 생각하니 길을 잃고 아득하기만 하다고 한탄했다. 뒤의 두 줄에서는 깨달음의 경지를 알렸다. 번뇌를 걷어내고 다시 보면 지금 서 있는 그 곳이 바로 고향이어서 더 이룰 곳도 가야 할 곳도 없다고 했다.

혜근(慧勤), 〈세상을 떠나는 노래(臨終偈)〉

七十八年歸故鄕
天地山河盡十方
刹刹塵塵皆我造
頭頭物物本眞鄕

칠십팔 년 고향으로 돌아가나니,
천지산하의 열 방위 모두에 있는
찰찰진진 모든 것 내가 만들었으며,
두두물물이 본래 진정한 고향이네.

혜근도 한국 고려후기 선승이다. 나옹(懶翁)이라는 호로 널리 알려졌다. 세상을 떠나면서 읊은 노래에서 이렇게 말했다.

"천지산하의 열 방위"는 하늘과 땅, 산과 물의 동·서·북동·남동·북서·남서·상·하의 모든 방위를 일컬으며 공간을 총칭한다. "찰찰진진"(刹刹塵塵)의 "찰"은 짧은 시간, "진"은 먼지여서 무수히 많은 미세한 시공이기도 하고, "찰"은 절간, "진"은 먼지이기도 해서 먼지처럼 많은 절간이기도 하다. 어느 쪽이든지 무한한 존재를 말한다. "두두물물"(頭頭物物)의 "두"는 머리를 내민 것이고, "물"은 물건이다. 머리를 내밀고 존재하는 무수한 것들을 말한다.

"진진찰찰"과 "두두물물"은 구별해 적었으나 다르지 않다. 모두 자기 마음으로 만들었으며, 또한 고향이라고 했다. 마음으로 만든 것이라면 가상(假像)이다. 그런데 가상이 바로 진상(眞像)이라고 하고, 진상이므로 고향이라고 했다. 존재하는 사물이 모두 고향이고 고향이 따로 없다고 일렀다.

태능(太能), 〈**무제**(無題)〉

大地山河是我家
更於何處覓鄉家
見山忘道狂迷客
終日行行不到家

대지나 산하가 바로 내 집인데,
어디에서 다시 고향집을 찾으려는가?
산을 보다 길 잃은 미친 나그네
종일토록 가고 가도 집에는 못 가네.

이것은 한국 조선후기 승려 태능의 선시이다. 제목을 〈무제〉(無題)라고만 해서 무엇을 나타내며 왜 지었는지 밝히지 않았다. 제1행에서 할 말을 다 했다. 대지나 산하가 온통 내가 살고 생각하고, 나와 일체를 이루는 터전이니 어디 가서 찾아야 할 것이 없다. "내 집"(我家)을 버리고 "고향집"(鄕家)이 따로 있다고 찾아나서는 제2행의 노력은 망상에 사로잡혀 헛되다. 제3행에서는 "산"(山)과 "길"(道)을 나누어 말했다. 멀리 있는 산을 바라보고, 지금 가도 있는 길을 잃는 것은 미친 짓이라고 나무랐다. 망상에 사로잡혀 미친 짓을 하니 종일토록 가고 가도 집에 못 간다고 일깨웠다. 인류 공통 마음의 안식처라고 할 수 있는 고향 생각을 일거에 부정했다.

　집을 찾는다는 것은 단순한 귀향 이상의 뜻이 있다. 집은 머무를 곳이고, 방황을 끝내는 종착점이며, 탐구해야 하는 진실이기도 하다. 그러나 그 어느 집도 집이 아니어야 집이다. 어디 머무르고자 하고 방황을 끝내고자 하고 진실을 구태여 가리려고 하는 탓에 모든 가능성을 스스로 차단해버린다. 산하나 대지는 존재하는 모든 것이며 바라보는 대상이다. 존재하는 모든 것을 떠나 진실이 따로 있다는 생각을 없애야 진실을 찾는다는 말이다.

한용운(韓龍雲), 〈깨닫는 노래(悟道頌)〉

男兒到處是故鄉
幾人長在客愁中
一聲喝破三千界
雪裡桃花片片紅

남아가 가는 곳은 어디나 고향인데,
얼마나 많은 사람 나그네 시름에 길게 갇혔나.
한마디 소리 버럭 질러 삼천세계 뒤흔드니
눈 속에서 복사꽃 조각조각 붉구나.

한용운은 한국 근대의 승려시인이다. 시집 《님의 침묵》으로 잘 알려져 있으며, 한시나 시조도 지었다. 이것은 승려가 짓는 한시의 본령인 선시이다. 불도를 닦아 깨달을 때에는 깨닫는 노래인 〈오도송〉을 짓는 것이 관례이다.

"남아가 가는 곳은 어디나 고향"이라는 것이 깨달은 내용이다. 그런 줄 모르고 얼마나 많은 나그네가 고향을 찾다가 찾지 못해 시름 속에 갇혔는가 하고 탄식했다. 뒤의 두 줄에서는 깨달음의 기쁨을 시각적으로 형상화해서 보여주었다. "어디나 고향"이라는 것을 알자 놀라운 일이 벌어졌다.

김지하, 〈나그네〉

길 너머
저편에
아무것도 없다.

가야 한다.
나그네는 가는 것,
길에서 죽는 것.

길 너머
저편에
고향 없다.

내 고향은
길
끝없는 하얀 길.

길에는 한 송이

씀바귀

피었다.

　한국 현대시인 김지하는 이런 시를 지었다. 태능의 〈무제〉와
이 작품은 나그네가 길을 가면 고향에 이르리라는 기대를 버
려야 한다고 한 것이 꼭 같다. 태능은 대지나 산하가 고향이라
고 하고, 김지하는 작품에서 가고 있는 길이 고향이라고 했다.
제2연에서 나그네는 가야 하는 길을 가다가 죽는다고 할 때 나
타난 슬픔이, 끝없는 하얀 길이 고향이라고 한 제4연에 이르면
깨달음으로 바뀐다. 시에서 고향을 들먹일 때에는 으레 고향
을 잃은 슬픔을 말하지만, 여기서는 고향을 잃었다는 생각을
부정해 깨달음을 얻는다.

　무엇을 깨달았는가? 길은 무한하고 인생은 유한하다. 사람
은 누구나 끝없는 길을 가고 있는 나그네이므로, 결과에 대해
헛된 기대를 하지 말고 하는 일을 계속 성실하게 하다가 생애
를 마치는 것이 마땅하다. 원론에 머무르고 있는 태능의 〈무
제〉보다 한 걸음 더 나아가, 실천을 중요시하는 이런 교훈을
얻었다고 하면 너무 범속하고 지나치게 산문적인 이해이다.
제5연에서 한 송이 씀바귀가 길에 피어 있다고 해서, 그런 것
을 보는 시심이 또한 소중하다고 일깨워주었다. 씀바귀는 시
련을 견디는 생명의 모습을 보여준다. 태능은 눈을 아주 크게
떠서 망상을 떨치라고 하기만 했으나, 김지하는 작은 것의 소
중함이 가슴 저리게 와 닿도록 하고, 생명의 소중함을 일깨워
준다.

사파르Walter William Safar, 〈내 고향My homeland〉

People say that a man without a homeland
is a dry tree without roots,

but I tell you:
"I do not want to be a heartless,
soulless,
and mindless tool.
To a poet, such a homeland
is a prison and violent submission.
The poem is my homeland,
and a verse is mankind."
The world wonders:
"What does a poem mean to a poet,
is a poet equally important to you
like a homeland?"

I believe in only one homeland.
In the invisible one we build
on our thoughts and our love
all by ourselves and in ourselves.
The poem is always stronger than any notion.
I tell you:
"Tomorrow, the day after,
tens, hundreds, thousands of
poems
shall bloom here, in this shelf,
and each of them shall be dear to me
like the first one."

And I know, someday,
somewhere, sometime,
someone shall pull out that shelf,
and I will know that this poem shall
travel
and travel...
until She eventually finds it,
because, the true and only

homeland
of the human heart is
love.

고향이 없으면
뿌리 없어 마른 나무라고 사람들은 말한다.
그러나 나는 너에게 말한다.
" 나는 가슴도
영혼도
마음도 없는 도구이기를 원하지 않는다.
시인에게는 고향이라는 것이
감옥이고 험악한 구속이다.
시가 내 고향이고
시가 인류이다."
세상은 의심한다.
"시가 시인에게 무엇인가,
시가 너에게는
고향만큼 소중한가?"

나는 단 하나의 고향만 신뢰한다.
우리가 보이지 않게 이룩하는
우리 생각과 사랑 위에,
모두 우리가 마련하고 우리 안에 있는.
이런 시는 다른 어떤 관념보다 항상 강하다.
나는 너에게 말한다.
"내일, 모레,
수십, 수백, 수천
많은 시가
이 서가에서 꽃피리라.
그 모두가 내게 소중하리라
처음 하나처럼."

그리고 나는 안다. 어느 날
어느 곳, 어느 때에
어느 누가 그 서가를 밀치어버리라.
그러면 이 시가
돌아다니다가
돌아다니다가...
마침내 발견되리라.
인류 마음의
진실하고 유일한
고향은
사랑이기 때문이다.

사파르라는 미국 현대시인이 내놓은 시이다. 제1연에서 세상 사람이 말하는 고향은 "감옥이고 험악한 구속"이고, 시가 시인의 고향이고 인류의 고향이라고 했다. 고향을 단죄하는 이유는 말하지 않았다. 제2연에서는 수많은 시가 모두 소중하다고 하고, 제3연에서는 "인류 마음의 진실하고 유일한 고향이 사랑"이기 때문에 시는 망각되어도 재발견된다고 했다.

앞뒤 연결이 허술해 의문이 생긴다. 시인은 시를 고향으로 삼기 위해 고향을 외면해야 하는가? 시와 고향은 배타적인 경쟁 관계인가? 고향은 "인류 마음의 진실"과는 거리 멀어 규탄하는가? 고향은 "사랑"을 부정하는 탓에 거부하는가? 이런 의문을 풀어줄 수 있는 단서가 전연 없다. 그러면서 무턱대고 고향을 나무랐다. 고향을 나무라는 어깃장을 놓아 관심을 끌려고 했다고 볼 수밖에 없다.

고은, 〈고향에 대하여〉

이미 우리에게는

태어난 곳이 고향이 아니다.
자란 곳이 고향이 아니다.
거기가 고향이 아니다.
거기가 고향이 아니다.
산과 들 온통 달려오는
우리 역사가 고향이다.

그리하여 바람 찬 날
몸조차 휘날리는 날
우리가 쓰러질 곳
그곳이 고향이다.
내 고향이다.

아 창연한 날의 나의 노스탈쟈
모두 다 그 고향으로 가자.
어머니가 기다린다.
어머니인 역사가 기다린다.
역사의 어떤 깃발이 손짓한다.
그곳이 고향이다 가자.

　한국 현대시인 고은은 고향에 대해서 이렇게 말했다. 나고 자란 곳이 고향이 아니고 "어머니인 역사"가 고향이라는 말은 앞에서 든 사파르가 〈내 고향〉에서 한 것보다 더 심하다. 나고 자란 곳을 떠나 역사가 어디 있는가? 나고 자란 곳을 무시하고 어머니를 어디서 찾는가? 이런 의문이 생겨나게 해서 역사가 실상이 아닌 관념이게 만들었다. 제3연에서 "역사의 어떤 깃발이 손짓한다"고 한 것은 특정의 역사관을 두고 한 말이다. 특정의 역사관을 위해 고향을 버려야 한다는 것은 고향뿐만 아니라 역사에 대해서도 배신이 아닌가 한다.

제8장
고향에 관한 시비

두보(杜甫), 〈이별할 가족이 없다(無家別)〉

寂寞天寶後
園廬但蒿藜
我里百餘家
世亂各東西
存者無消息
死者爲塵泥
賤子因陣敗
歸來尋舊蹊
人行見空巷
日瘦氣慘悽
但對狐與狸
豎毛怒我啼
四鄰何所有
一二老寡妻
宿鳥戀本枝
安辭且窮棲
方春獨荷鋤
日暮還灌畦
縣吏知我至
召令習鼓鞞
雖從本州役
內顧無所攜
近行止一身
遠去終轉迷
家鄕既盪盡
遠近理亦齊
永痛長病母
五年委溝谿
生我不得力
終身兩酸嘶
人生無家別
何以爲烝黎

116

천보의 난리 뒤에 적막해져
밭이나 집에 잡초만 무성하다.
우리 마을 백여 호나 되었는데
난리가 나자 동서로 흩어졌다.
산 사람은 소식이 없고,
죽은 이는 이미 흙 되었네.
미천한 이 몸은 싸움에서 패하고
돌아와 옛날 샛길 찾는다.
오랜만에 보는 텅 빈 마을
햇빛 시들고 공기 처참하구나.
눈에 뜨이는 것은 여우와 살쾡이
털을 세우고 사납게 짖는다.
사방을 둘러보니 무엇이 있는가?
한두 사람 늙은 과부뿐이네.
새들도 옛 가지를 그리워하지 않나
이곳의 곤궁한 삶을 마다할 것인가.
마침 봄철이니 혼자 호미 메고 나갔다가
저물녘에는 돌아와 밭에 물을 댄다.
고을 아전이 내가 온 줄 알고
다시 소집해 군대 북 치는 연습을 하라네.
우리 고장에서 부역을 하러 가도
작별을 해야 하는데 가족이라고는 없구나.
가까이 머물러도 내 한 몸이고,
멀리 가면 더욱 외로운 떠돌이다.
집도 고향도 온통 없어졌으니
멀든 가깝든 다를 바 없도다.
늘 원통해라 오래 앓다가 가신 어머니
오 년이 되도록 진구렁에 두다니.
나를 낳으시고 힘을 얻지는 못하셔
평생 둘이서 쓴 눈물로 지냈었다.

이별할 가족조차 없는 이 신세
어찌 사람이라고 할 수 있는가.

두보는 중국 당나라의 시인이다. 당나라 현종(玄宗) 때의 연
호인 천보(天寶) 14년(755)에 안록산(安祿山)의 난이 일어났
다. 그 때문에 겪은 수난, 가족을 잃고 외톨이가 된 신세를 길
게 술회했다. 고향을 찾아가 옛날처럼 농사짓고 지내겠다는
소망이 귀향이 가능하지 않고 무의미하다고 했다.

이별할 가족조차 없는 신세이니 사람이라고 할 수 없다고 한
것이 작품의 제목으로 나타낸 주제이다. 어머니에 관해 말했
을 따름이고, 처자는 언급의 대상으로 삼지도 않았다. 가족은
찾을 수 없어도 고향은 터전이라도 남아 있으니 찾아가 위안을
받으면서 살고자 했는데 뜻을 이루지 못했다. 가족을 잃은 것
은 각오한 바이므로 체념할 수 있으나, 고향을 잃은 것이 받아
들일 수 없는 더 큰 수난이어서, 실향의 시로 들어 고찰한다.

헤세Hermann Hesse, 〈마을의 저녁Dorfabend〉

Der Schäfer mit den Schafen
Zieht durch die stillen Gassen ein,
Die Häuser wollen schlafen
Und dämmern schon und nicken ein.

Ich bin in diesen Mauern
Der einzige fremde Mann zur Stund,
Es trinkt mein Herz mit Trauern
Den Kelch der Sehnsucht bis zum Grund.

Wohin der Weg mich führet,
Hat überall ein Herd gebrannt;
Nur ich hab nie gespüret,

Was Heimat ist und Vaterland.

목동이 양떼를 몰고
조용한 골목으로 들어선다.
집들이 잠을 자고 싶어,
이미 꾸벅꾸벅 졸고 있다.

나는 이 돌담 안에서
지금 유일한 이방인이다.
눈물 섞인 그리움의 잔을
내 마음에서 끝까지 마신다.

내가 가는 길은 어디인가,
집집마다 아궁이에 불이 타는데,
나만은 느끼지 못하고 있다,
고향이 무엇이고 고국이 무엇인지.

　독일 현대의 작가이고 시인인 헤세가 이런 시를 지었다. 다
정스럽게 사는 사람들의 마을에서 자기 혼자 이방인을 절감하
고 슬퍼한다고 했다. 무언가 그리워하면서도 고향이 무엇이고
고국이 무엇인지 느끼지는 못한다고 말했다. 어디에도 소속되
지 않고, 마음 둘 곳마저 아주 없는 깊은 고독을 전했다.

천상병, 〈고향〉

내 고향은 경남 진동(鎭東),
마산에서 사십 리 떨어진 곳
바닷가이며
산천이 수려하다.

국교(國校) 일년(一年) 때까지 살다가 떠난
고향도 고향이지만
원체 고향은 대체 어디인가?
태어나기 전의 고향 말이다.

사실은 사람마다 고향 타령인데
나도 그렇고 다 그런데
태어나기 전의 고향 타령이 아닌가?
나이 들수록 고향 타령이다.

무(無)로 돌아가자는 타령 아닌가?
경남 진동으로 가잔 말이 아니라
태어나기 전의 고향-무(無)로의
고향 타령이다. 초로(初老)의 절감(切感)이다.

　한국 현대시인 천상병은 이 시에서 고향 타령을 시비했다.
나이가 들수록 고향으로 돌아가자는 타령을 더 많이 한다고 하
고, 고향으로 돌아가자는 것은 나고 자란 곳이 아닌 태어나기
전에 있었던 곳으로 돌아간다는 말이라고 했다. 제1연에서 나
고 자란 곳은 "경남 진동"이라고 하고, 제5연에서 태어나기 전
에 있었던 곳은 "무"(無)라고 했다. "무"(無)는 없던 상태이다.
태어나기 전의 없던 상태로 되돌아가는 것은 죽음이다. 죽음이
최종적인 귀향이라는 것을 나이가 드니까 절감한다고 했다.
　시인은 고향을 그리워하면서 돌아가고 싶다고 타령을 하는 것
이 못마땅하다. 늙어서 고향에 돌아간들 얼마나 살겠는가? 죽
음이 영원한 고향이다. 나고 자란 고향은 각기 달라 자랑거리를
내세우는 경쟁을 한다. 내 고장 진영은 "바닷가이며 산천이 수
려하다." 다른 사람들은 각기 자기네 고향이 더욱 자랑스럽다고
할 것이다. 모두 공연한 다툼이다. 영원한 고향은 누구에서든지
무(無)라고 해야 할 없음의 상태이므로 모두 평등하다. 이런 생
각을 전하면서 고향에 집착하는 것이 잘못이라고 나무랐다.

이원섭, 〈내 고향〉

내 고향을 묻지 마라.
사실 나는 난처하구나.
그의 흐릿한 윤곽마저
참말이지 나는 가지지 못한단다.

거기에 피는 그 많은 꽃들 속의
보잘 것 없는 어느 한 송이의
대단찮이 풍기는 그러한 향기조차
참말이지 나는 가지지 못한단다.

쫓기어 났단다. 알겠느냐?
어느 슬픈 아침이 있었단다.
꿈처럼 아득한 어느 날이었단다.

내 고향을 묻지 마라.
그에 대한 추억마저 금지되어
꽃동산을 더럽힌 멧돼지모양
참말이지 나는 쫓기어 났단다.

　한국 현대시인 이원섭은 이 시에서 예상하지 못한 말을 했다. 고향에서 쫓겨났다고 하고, 고향을 생각하기도 싫다고 했다. "꽃동산을 더럽힌 멧돼지모양" 쫓겨나, 고향의 윤곽도 꽃한 송이도 가지지 못하고 있다고 탄식했다.
　어떤 내막이 있는지 추리할 필요는 없다. 누구나 고향을 그리워하는 것은 아니다. 고향이 저주스러운 곳일 수도 있다. 고향을 내세워 모든 사람을 하나로 묶는 것은 횡포이다. 고향에 매여 자유를 잃지 말아야 한다. 이런 생각을 하게 한다.

강창민, 〈귀향〉

이제 돌아가리라,
저자도 산도 아닌
눈부신 빛의 마을,
저자의 밤에 빛나는 불빛도 산골에 감도는 애절한 사랑도
산꼭대기에서 펄럭이던 슬픔도
그립지 않은 곳,
그리움이 된 이들이 돌아가
그리움으로 태어나는 곳,
바람이 처음 불어와
천공을 맴돌다 에돌다 돌아가는 곳,
그곳으로 떠나려면 아아,
잡것들 내 옷깃 부여잡겠지.
내 이름 불러불러
길모퉁이마다 소금 기둥 하나씩
세워 남기고
가야지, 그냥 두고 가야지,
그리움조차 제 이름 없는 곳
시간조차 슬픔의 잔 물살 하나
일으키지 않는 곳,
다 함께 빛이 되었다가
모든 시공 다 스러지는
빛의 고향.
그도 저도 너도 다 사라져
가득히 돌아오는 허공, 내 고향
나 이제 돌아가리라.

강창민은 한국 현대시인이다. 이 시에서 고향에 관해 남들과
다른 말을 했다. 죽음이 고향이라고 했다. 죽음은 "그리움이

된 이들이 돌아가 그리움으로 태어나는 곳"이라고도 하고, "모든 시공 다 스러지는 빛의 고향"이라고 했다. 죽음으로 돌아가 고향을 찾으니 자랑스럽고 벅찬 감동을 느낀다고 했다.

임보, 〈길 없는 길〉

강물 위에 앉았다가
일제히 하늘을 향해 비상해 오르는
수천 마리 철새 떼들의 일사분란
그들은 길 없는 허공 길을 평화롭게 날아
그들의 고향에 이른다

바다 속을 헤엄쳐 가는
수만 마리의 물고기 떼들
어떠한 암초와 수초에도 걸리지 않고
수만 리 길 없는 물
길을 거슬러
그들의 모천에 닿는다

그러나
이 지상에 수천만의 길을 만들어 놓고도
제 길을 제대로 찾아가지 못해
좌충우돌 피를 흘리며 주저앉는 사람들
그들은 고향도 모천도 못 찾고 허둥댄다

길이 없으면
세상이 다 길인데
길을 만들어
천만의 길을 다 죽인다

임보는 한국의 현대시인이다. 이 시에서 고향에 대해 예사롭지 않은 말을 했다. 새나 물고기는 하늘이나 바다를 가로질러 태어난 곳을 찾아가는데, 사람은 수천만의 길을 만들어놓고도 고향을 찾지 못한다고 개탄했다. 길을 찾는다고 싸워서 피를 흘리기나 한다고 했다. 각기 자기 길로 가야 한다고 하고, 자기 길이 옳다고 하니 싸움이 일어난다는 말이다.

마지막 연에서 "길이 없으면 세상이 다 길이다"라고 한 것은 무슨 말인가? 주어진 대로 자연스럽게 살아가면 될 것인데, 불필요한 노력을 공연하게 해서 길을 막는다고 했을 것이다. "천만 길을 만들어 길을 다 죽인다"는 것은 무슨 말인가? 불필요한 노력이 지나쳐 길을 잃고 고향으로 가지 못한다고 했다. 그러면 이 시에서 말하는 고향이란 무엇인가? 타고난 그대로의 자연스러운 삶의 진성한 가치를 고향이라고 했다.

제9장
떠나야 하는 사유

이백(李白), 〈야랑에 유배 가면서 지은 해바라기 시(流夜郞題葵葉)〉

慙君能衛足
嘆我遠移根
白日如分照
還歸守故園

그대는 능히 발목을 지키니 부끄럽고,
나는 멀리 뿌리를 옮기니 한탄스럽다.
날빛이 만일 고르게 비추이면,
고향에 돌아가 옛 전원을 지키리라.

　중국 당나라 시인 이백이 귀양 가면서 지은 시이다. 귀양 가
는 곳 야랑은 지금의 귀주성이다. 해바라기가 움직이지 않고
서서 발목을 지키는 것을 보고 자기는 그렇지 못해 부끄럽게
여긴다고 했다. 자기는 해바라기처럼 원래의 자리를 지키기
못하고 멀리까지 뿌리를 옮기는 귀양살이 길을 떠난다고 한탄
했다. 공명정대한 시기가 되면 고향으로 돌아가 옛 전원을 지
키겠다고 다짐했다.

정약용(丁若鏞), 〈밤(夜)〉

病起春風去
愁多夏夜長
暫時安枕簟
忽已戀家鄉
歃火松煤暗
開門竹氣涼
遙知苕上月
流影照西墻

126

병에서 일어나니 봄바람 가버렸고,
시름이 많아 여름밤도 길구나.
잠깐 동안 잠자리에 들었다가
문득 다시금 고향이 그리워진다.
불을 불이니 솔 그을음 침침하고
문을 열자 대나무 기운이 차다.
저 멀리 소내에 떠 있는 달은
그림자 흘려 서쪽 담까지 비추리라.

　　한국 조선후기 실학자이고 시인인 정약용은 고향을 그리워
하는 시를 이렇게 지었다. 병들고 시름하면서 계절을 보낸다
고 했다. 밤인데도 잠들지 못하고 고향을 그리워한다고 했다.
어둠을 견디면서 밖으로 나가지 못한다고 했다. 이런 말로 귀
양살이를 하고 있는 상황을 말했다. 〈밤〉이라는 제목은 시를
지은 시간이 밤이어서 붙였다고 할 것이 아니고, 귀양살이를
말썽이 생기지 않게 일컫은 말이다.

　　원문의 "苕"는 "苕川"이라고 적고 "소내"라고 하는 자기 고
향이다. 자기는 어둠 속에 갇혀 있지만 고향에는 달이 떠서 멀
리까지 비출 것이라고 했다. "그림자 흘려 서쪽 담까지 비추리
라"는 말은 달빛은 물론 그림자까지 멀리 가서, 열려 있는 동
쪽은 물론 막혀 있는 서쪽까지 밝힌다는 말로 이해된다. 그런
달을 보지 못하고 상상만 하고 있다. 이백이 〈고요한 밤의 생
각〉에서 달을 보니 고향 생각이 난다고 한 것과 아주 다르다.
이 시에서는 달이 고향을 생각하게 하는 매개체가 아니고, 지
금 자기에게는 없는 해방이고 광명이다.

노일동(魯一同), 〈흉년의 노래(荒年謠)〉

小車轔轔
女吟男呻

竹頭木屑載零星
嘔呀啁哳行不停
破釜墮地灰痕青
路逢相識人
勸言不可行
南走五日道路斷
縣官驅人如驅蠅
同去十人九人死
黃河東流卷哭聲
車轔轔
難爲聽

작은 수레 덜컹덜컹,
여자 남자 신음하네.
대나무 조각, 나무토막이나 싣고
삐걱거리는 소리를 내면서 멈추지 않고,
깨진 솥 땅에 떨어져 재 자취가 퍼렇다.
길에서 아는 사람 만나니,
가지 못한다고 일러준다.
"남쪽으로 가는 길이 닷새나 끊겼고,
벼슬아치들이 행인을 파리 쫓듯 쫓아낸다오."
함께 간 열 명 가운데 아홉이나 죽어,
황하가 동쪽으로 흐르면서 통곡 소리 말아간다.
수레 덜컹덜컹
들어주기 어렵구나.

노일동은 중국 청나라 말의 시인이다. 마음을 크게 열어, 들려오는 소리를 듣고 벌어지는 광경을 그렸다. 흉년이 들어 살길을 잃은 유랑민이 신음하면서 떠나간다고 했다. 얼마 되지 않은 가재도구를 작은 수레에 싣고 삐걱거리면서 간다고 일렀다. 나라에서 구제하지 못하고 벼슬아치를 보내 길을 막기나 한다고 했다. 열에 아홉이나 죽어 통곡하는 소리를 뒤섞으며

황하가 흐른다고 말했다.

　이런 사연을 갖추어, 영화 한 편이 될 만한 거대한 그림을 그렸다. 멀리까지 바라보는 시야를 지니고, 무슨 소리라도 들을 수 있는 청력을 지녔으며, 보고 듣는 것이 무엇인지 깊이 생각하는 사람이 시인임을 알려주었다. 한 번 있고 말 사건을 넘어선 역사의 흐름을 보여주는 것을 시인의 임무로 삼았다.

래이Nirode Ray, 〈피란민Refugee〉

I had a hut
on the bank of the river
beneath the sky painted blue
no patch of sorrow
only the berry hue.
The willow tree shreds
its barks, the birds circle
with their wings flung
I could see the sun
piercing through the wings.
I used to collect

Apples
from the bottom of the apple trees
I was happy, I was tranquil
but I didn't know their true meanings.

Until
one day invaders came
destroyed my hut, my habitat
since then I have been roaming
down the history lanes,
all over I could even imagine.

I am ever homeless, I am a human refugee,
my journey is forever, and my story has no ends.

나는 집이 있었다.
강이 흐르는 기슭에,
푸르게 칠한 하늘 아래.
슬픔이라고는 없으며,
딸기가 빛을 내고,
버드나무가 그림자를 드리우고,
새는 날갯짓을 하면서
공중에서 맴돌았다.
나는 새들의 날개 사이로
태양을 볼 수 있었다.
나는 따는 것을 일삼았다.

사과를
사과나무 아래에서.
나는 행복하고 잠잠했다.
그러면서 그 의미를 몰랐다.

어느 날 침략자들이 올 때까지는
그 의미를 몰랐다.
침략자들은 나의 집, 사는 곳을 파괴했다.
그 뒤에 나는 방황하고 있다.
역사의 길로 내려오고 있다.
상상할 수 있는 모든 것을 더듬으면서,
나는 줄곧 집이 없다. 나는 피란민이다.
내 여행은 언제까지나 계속된다. 내 이야기는 끝이 없다.

래이는 인도 현대시인이며 영어로 창작한다. 평화롭고 행복
스럽게 살다가 침략자가 나타나 집도 사는 곳도 다 빼앗았으므

로 난민이 되어 떠돈다고 했다. 전에는 평화와 행복의 의미를 모르고 있다가, 수난을 당한 다음에는 "역사의 길로 내려오"면서 "상상할 수 있는 모든 것을 더듬"는다고 탄식했다. 자기를 거처를 잃고 떠도는 피란민의 처지에다 견주고, 인도가 영국의 식민지가 된 불행을 개탄했다.

이동순, 〈물의 노래〉

그대 다시는 고향에 못 가리
죽어 물이나 되어서 천천히 돌아가리
돌아가 고향 하늘에 맺힌 물 되어 흐르며
예 섰던 우물가 대추나무에도 휘감기리
살던 집 문고리도 온몸으로 흔들어보리
살아생전 영영 돌아가지 못함이라
오늘도 물가서 잠긴 언덕 바라보고
밤마다 꿈을 덮치는 물 꿈에 가위 눌리니
세상사람 우릴 보고 수몰민이라 한다
옮겨간 낯선 곳에 눈물 뿌려 기심매고
거친 땅에 솟은 자갈돌 먼 곳으로 던져가며
다시 살아보려 바둥거리는 깨진 무릎으로
구석에 서성이던 우리들 노래도 물속에 묻혔으니
두 눈 부릅뜨고 소리쳐 불러보아도
돌아오지 않는 그리움만 나루터에 쌓여갈 뿐
나는 수몰민, 뿌리째 뽑혀 던져진 사람
마을아 억센 풀아 무너진 흙담들아
언젠가 돌아가리라 너희들 물 틈으로
나 또한 한 많은 물방울 되어 세상길 흘러흘러
돌아가 고향 하늘에 홀로 글썽이리

이동순은 한국 현대시인이다. 댐 건설 때문에 고향에서 쫓겨나게 된 수몰민들의 아픔을 그리고 있는 시를 지었다. 고향으로 돌아가고 싶어도 돌아갈 고향이 없다. 영영 돌아가지 못하는 고향에 "죽어 물이나 되어서"라도 돌아가겠다고 했다. 고향이란 없어지면 더 그립다는 것을 말했다.

임보, 〈누가 고향을 사랑한다던가〉

말로는 고향을 떠들지만
진실로 고향을 아끼는 자는 없다
보라, 고향을 지키며 살아가는 놈이
그곳에 지금 몇이나 남아있는가?
눈이 일찍 트인 놈은
스물도 채 되기 전에 집을 떠나
이발소, 우동집 가리지 않고
팔도를 전전하며 굴러다니기도 하고
뱃보가 좀 큰 놈은
전답 팔아 짐 싸들고 서울로 기어올라
청량리, 왕십리 떠돌아다니다
다 꼬라박기도 하고, 더러는
몇 푼 벌어 사장으로 거들먹거리기도 하고
겁도 없는 녀석들은
불알 두 쪽만 차고
브라질로 엘에이로 혹은 벤쿠버로
어떻게 비비고들 건너가서
노랑머리 서양년 꿰차고
위스키 홀짝이며 살아가고 있지 않던가.
보라, 지금 누가 고향에 남아
그 땅을 지키고 있는가?

있다면
그도 저도 못한 놈들이 홧김에
술만 퍼마시다 일찍 땅속에 들어
고향을 짊어지고 누워 있을 뿐이다.

한국 현대시인 임보의 시이다. 일본시인 무로오 사이세이가 〈고향은〉에서 고향을 버리고 서울로 가지 않을 수 없다고 한 사유를 명백하게 드러내 말했다. 고향을 지킬 수 없게 된 세태를 있는 그대로 들추어내 고향에 대한 환상을 깼다. 세상이 온통 잘못되었다고 하는 불만을 토로했다.

농촌이 피폐해 살기 어렵게 되자 젊은이들이 고향을 떠나서 살 길을 찾는다고 하고, 네 가지 경우를 들었다. 모두 못마땅하다고 빈정대면서 나무랐다. 고향을 떠나지 못하고 남아 있는 사람들은 자포자기해서 죽음을 재촉한다고 하는 극단적인 발언을 하기까지 했다. 잘못의 원인이 어디 있는가? 시인이 할 일은 무엇인가? 이런 의문이 제기하지도 않은 채 남아 있다.

문병란, 〈피혁공장의 소년 공원〉

전라도 고흥이 고향이지만
이미 그는 고향을 잊었다 한다

먹을 것도 없는 고향
반달같이 남은 한 뼘의 땅도 없는
이름뿐인 고향, 그는 3년 전에
그 파아란 남쪽 바다를 떠났다고 한다

고향을 생각해서 무엇하리
유행가를 부르며 떠나온 머나먼 고향,

비 내리는 호남선을 지나서
흔들리는 차창에 얼룩진 이별의 눈물,
그는 이미 고흥반도 끝의
피 토해 피어나는 새빨간 동백꽃을 잊었다고 한다

밑천도 없이
무슨 알뜰한 배경도 없이
서울로 팔려온 서러운 전라도 사투리,
피혁공장의 역겨운 약품 내음새에
자꾸만 구역질을 토해 내면서
어매야 아배야 이젠
참대 죽순이 쑥쑥 솟아나는 마을
벌떼 같은 아우성이
흙냄새 향그러운 찔레꽃 언덕에
쑥대로 키가 크는 마을은 잊었단다
노을 속 타오르는 핏빛 진달래를 잊었단다

오 꿈에도 보이지 않는 고향
유행가 속에만 남은 고향
라디오 속으로 더듬어가면
억새풀 우거진 언덕 위에
아직도 송아지 해설피 울고
복사꽃이 이글거리는 무슨 옛 마을이 있는가

역겨운 썩은 냄새 속에서 시작되는
서울의 변두리
피혁공장의 아침은
검은 하수구에서 시작되고
그래도 인생은 아직 살 만한 곳
꽃빛깔 같은 슬픔을 꿀꺽꿀꺽 생키면서

소년은 이제 고향을 잊었다고 한다
소년은 이제 고향 가는 황토밭길,
문둥이의 발가락이 빠지던
먼 전라도 길을 잊었다고 한다

친구야 목메어 불러 봐도
두껍게 내려앉은
서울 변두리의 회색 하늘 아래
그리운 얼굴도 떠오르지 않고
돌아갈 길을 잃은 야윈 철새
소년은 이제 진정
갈매기가 날고 있는 다도해,
그 파아란 남쪽 바다가 떠오르지 않는다고 한다.

　문병란은 한국 현대시인이다. 피혁공장 소년 공원의 고향에
대해 말했다. 고향에서 살 길이 없어 떠나온 소년에게 고향은
소용이 없어 잊어도 그만이라고 했다. 그런데도 말이 많은 것
은 소년의 의식과는 거리가 있는 시인 자신에게 서정적 낭만이
남아 있기 때문이라고 할 수 있다.

김명환, 〈우리를 헤어져서 살게 하는 세상은〉

누나가 집을 나간 것은 옳지 않다
어머니가 어렵게 마련해준 돈 속에는
말하진 않았지만 내 한 달 월급과
일 년 동안 갚아야 할 대부돈도 들어 있었다
가리봉동 벌집에서 밤새도록 악몽에 쫓기다가
아침에 일어났을 때 문틈으로 새어든 연탄가스에
한 녀석은 나가떨어지고 허기진 배를 달래며

비틀거리는 두 다리를 추스르고
그 알량한 일당을 벌겠다고 공장에 나갔던 것은
내가 가난하기 때문만은 아니었다
검정고시 공부를 하겠다고 야근하는 동료들의
이 눈치 저 눈치를 살피며 빠져나올 때
너만 공부하고 싶은 게 아냐, 녀석아
딱딱거리던 정형의 마음을 이해할 수 있다
뼈빠지게 일해봤자 결국은 굽신거리며
살 수밖에 없다는 것 누군들 모르겠는가
하지만 우리는 함께 살아야 한다
가난하기 때문에 집을 나가야 한다면
배부른 사람들만 함께 살 수 있단 말인가

소위 대학을 나왔다는 임계장이나 최대리가
두세 달에 한 번씩 아이들을 모아놓고
탕수육에 소주를 먹이며 생산성이 어떻고
수출이 어떻고 했을 때도 그 알량한 말보다
우리는 내팽개친 고향의 논답들을 생각했다
텔레비전에 나오는 계집들처럼
미끈하게 생기진 못했을지라도 어쩌다 마주치는
공순이들이 고향 동창년들처럼 친근감이 드는 것은
집을 나간 누나가 원하는
배부른 삶을 싫어하기 때문이 아니다
가난하고 배우지 못했지만 못생긴 우리끼리
살을 비비며 산다는 건 얼마나 좋은 일인가
기계과에 새로 들어온 계집애처럼 생긴 녀석은
이상하게 무시무시한 말만 하지만
어느 나라에서는 우리같이 무식한 놈들도
떳떳하게 살아간다는 그 말이
거짓말 같지만은 않은 것은

임계장이나 최대리가 사주는 탕수육과 소주를 먹으며
점심시간에 틀어주는 서양노래를 들으며

양계장을 했던 강씨가 닭모이에 무슨 약을 섞어주고
음악을 틀어주면 알을 쑥쑥 낳는다고 말했을 때
우리가 어쩌면 알을 낳는 암탉들인지도 모른다고
생각한 적이 있기 때문만은 아니다
이제 갓 선반을 잡은 오형이 뉴타운 스텐드빠
미스 최에게 월급을 몽땅 날리고 취해 돌아와
그래도 자식만은 고등학교까지 시킬 거라고 말했을 때
내가 쓸쓸하게 웃었던 것은 술을 퍼마시고
늦게 취해 돌아오실 때마다 내 머리를 쓰다듬으며
너만은 고등학교까지 시킬 거라고 하시던
아버지 말씀이 생각나서가 아니었다
도대체 우습지 않은가 기계과에 새로 들어온
계집애처럼 생긴 녀석은 우리도 단결하기만 하면
얼마든지 잘 살 수 있다고 말하지만
가난하기 때문에 집을 나가야 한다면
배부른 사람들만 모여 산다는 말인가
알을 낳는 닭들은 알을 품지도 못하고

폐계가 되면 고기 맛도 없다고 싸구려로 팔릴 뿐이지만
폐계가 되더라도 우리는 함께 살아야 한다

가리봉시장 튀김집에서 마주친 계집애에게
이상하게 마음이 끌렸던 것은
고향을 떠나온 지 어느덧 사 년이 지났고
누나나 나처럼 그렇게 떠돌아다니는
그 아이가 처량해 보여서가 아니다
비록 가난하고 배우지 못했지만

자꾸만 고향 생각이 나고 식구들이 그리운 것은
아무리 어렵고 힘든 세상일지라도
못생긴 얼굴끼리 살을 비비며 함께 살고 싶기 때문이다
누나가 집을 나간 것은 옳지 않다
우리를 헤어져서 살게 하는 세상은 정말 옳지 않다

　　김명환은 한국 현대시인이다. 이것은 《우리를 헤어져서 살
게 하는 세상은》이라는 시집에 수록한 연작의 첫 작품이다. 젊
은 여성이 살길을 찾아 고향을 떠나고 가족과 이별하지 않을
수 없는 세태를 동생을 서술자로 삼아 나무랐다. "누나가 집을
나간 것은 옳지 않다"는 말만 들으면 누나가 생각을 잘못 한
것 같다. "우리를 헤어져서 살게 하는 세상은 정말 옳지 않다"
고 한 데서는 잘못이 누나에게 있지 않고 세상에 있다고 했다.
세상의 잘못이 무엇인지 깨우쳐주려고 배우지 못하고 가난한
사람들이 얼마나 어렵게 사는지 소설을 쓰듯이 말하는 대목이
길게 이어져 긴장을 깬다.

김지하, 〈서울 길〉

간다
울지 마라 간다
흰 고개 검은 고개 목마른 고개 넘어
팍팍한 서울 길
몸 팔러 간다

언제야 돌아오리란
언제야 웃음으로 화안히
꽃피어 돌아오리란
댕기 풀 안쓰러운 약속도 없이

간다
울지 마라 간다
모질고 모진 세상에 살아도
분꽃이 잊힐까 밀 냄새가 잊힐까
사뭇사뭇 못 잊을 것을
꿈꾸다 눈물 젖어 돌아올 것을
밤이면 별빛 따라 돌아올 것을

간다
울지 마라 간다
하늘도 시름겨운 목마른 고개 넘어
팍팍한 서울 길
몸 팔러 간다

　김지하는 한국 현대시인이다. 어렵게 살아가는 사람들의 이야기를 전한 시에 이런 것이 있다. 고향을 떠나 서울로 "몸 팔러" 가니 "울지 마라"고 하는 처녀의 말을 전했다.

　서울이 더 좋은 곳은 아니다. 서울 가는 길은 "팍팍하다"고 했다. 고향을 잊겠다는 것은 아니다. 고향의 "분꽃"이나 "밀 냄새"을 잊을 수 없으리라고 했다. 고향에서 살아갈 길이 없어 "몸 팔러" 서울로 가겠다는 것이다.

　이별을 서러워할 사람이 있어 "울지 마라"고 했다. 서러워할 사람은 누구인가? "댕기 풀 안쓰러운 약속도 없"다고 했지만, 그런 약속이 있다고 믿는 총각이 서러워하리라고 생각하고 "울지 마라"고 했다. 처참한 현실의 끔찍한 비극을 대수롭지 않게 여기고 견딜 수 있는 듯이 말했다.

제10장
전란 탓에 실향하고

두보(杜甫), 〈돌아가는 기러기(歸雁)〉

春來萬里客
亂定幾年歸
腸斷江城雁
高高正北飛

봄에 만리나 온 나그네
난리 평정되어 어느 해나 돌아갈까?
애끊는 강성의 기러기
높이높이 북쪽으로 날아가네.

　중국 당나라 시인 두보는 이 시에서 고향을 떠난 이유를 명
확하게 말했다. 전란 탓에 실향민이 되었다고 알려주고, 전란
이 평정되기를 바라는 마음을 나타냈다. 전란 실향민은 흔히
있어 이런 시가 많다.

　"봄에 만리"나 왔다고 했다. "기러기"로 그 사이에 가을이 된
것을 말했다. 난리가 평정되기를 바라지만 기약이 없어, "어느
해나 돌아갈까"라고 탄식했다. 기다려야 할 시간이 예상보다
훨씬 길 것으로 여기는 절망감을 나타냈다. "강성의 기러기"는
자기와 같은 곳에 있다가 "높이높이 북쪽으로 날아"간다 하고,
자기는 가지 못하는 "애끊는" 심정을 서두에서 말했다.

두보(杜甫), 〈돌아갈 꿈(歸夢)〉

道路時通塞
江山日寂寥
偸生唯一老
伐叛已三朝
雨急青楓暮
雲深黑水遙

夢魂歸未得
不用楚辭招

길은 때때로 통하다가 막히고,
강산은 날마다 적막하고 쓸쓸하네.
목숨 연명하는 한 늙은이 신세,
반란 토벌이 세 조정을 지났네.
비가 급하게 오는 푸른 단풍 저물고,
구름 깊은 흑수 멀리 아득하다.
꿈속 넋조차 돌아가지 못하니,
초사로 초혼을 할 필요가 없네.

　두보는 이 시에서도 떠나온 고향을 그리워하는 심정을 토로
했다. 전란이 나서 고향을 떠나 돌아가지 못한 지 오래 되었다
고 했다. 절망이 심각하다.
　"세 조정"은 현종(玄宗)·숙종(肅宗)·대종(代宗)이다. 삼대
가 지나도록 전란이 끝나지 않았다. "흑수"는 물 이름이고 초
사(楚辭)에 〈초혼〉(招魂)이라는 작품이 있다. 초혼은 죽은 이의
혼을 부르는 행사이다. 혼마저 돌아가지 못하게 되었으니 부
를 필요가 없다고 하는 말로 절망이 극도에 이른 것을 말했다.

온정균(溫庭筠), 〈나그네 시름(客愁)〉

客愁看柳色
日日逐春深
蕩漾春風里
誰知歷亂心

나그네 시름 버들빛을 보면서,
하루하루 봄 따라 깊어만 간다.
봄바람 마구 불어내는 마을에서

난리 겪는 마음 누가 알아주랴.

 온정균도 중국 당나라 시인이다. 이 시에서 난리 탓에 고향을
떠난 나그네의 시름을 간결하면서도 깊이 있게 나타냈다. 봄
이 깊어가니 시름도 깊어간다는 말은 시간의 경과를 초조하게
여기고, 봄의 밝음과 자기 마음의 어둠이 대조를 이룬다는 이
중의 의미를 지닌다. "봄바람 마구 불어내는 마을" 사람들은
즐거운 삶을 누리는데 외톨이가 된 자기는 마음고생을 심각하
게 하고 있다고 했다.

 응우옌 짜이(阮廌), 〈곤산으로 돌아가며 배 안에서 짓
는다(歸崑山舟中作)〉

十年飄轉嘆浮萍
歸思搖搖日似旌
幾托夢魂尋故里
空將血淚洗先塋
兵餘斤斧蹉難禁
客裏江山只此情
鬱鬱寸懷無奈處
船窗推枕到天明

십 년 떠돌아다니는 부평 신세 한탄스럽고,
돌아가고 싶은 마음 깃발처럼 펄럭인다.
몇 번이나 꿈꾸는 혼이 옛 마을 찾았으며,
공연히 피눈물로 선영을 씻었는가.
싸우고 남은 무기도 탄식을 자아내,
객지의 강산에서 이런 느낌뿐이로다.
울울한 마음 어떻게 할 곳이 없어,
선창에 베개 밀어놓은 채 새벽을 맞이하네.

응우옌 짜이는 월남 시인이다. 이 사람이 누구인지 알려면 월남 역사에 대한 이해가 필요하다. 월남은 중국에 통일왕조가 들어설 때마다 침공을 받았다. 1406년에는 명나라가 침공해 월남을 중국 땅으로 삼았다. 여러 차례의 반란이 실패하다가 레 러이(黎利)를 장군으로 하고 응우옌 짜이를 참모로 하는 항쟁군이 1427년에 결정적인 승리를 거두어 월남의 독립을 이룩했다. 응우옌 짜이는 문인이지만, 민심을 장악하고 유격전 전략을 세우고 실행하는 탁월한 능력을 발휘했다.

응우옌 짜이는 역사적인 공적이 높이 평가될 뿐만 아니라, 월남문학사에서 큰 위치를 차지한다. 한시와 함께 한자로 월남어를 표기한 국음시(國音詩)를 창안하고 많이 지었다. 한시에서는 자기 내심을, 국음시에서는 동족을 향한 호소를 나타냈다. 국음시는 원문을 읽을 수 없어 한시만 다룬다. 한시의 하나인 이 작품은 나라의 독립을 위해 싸우러 나가 고향을 떠난 심정을 나타낸 시의 좋은 본보기이다. 이 경우에는 전란 실향민이 된 것이 자발적인 선택이다. 난리를 평정하고 고향에 돌아갈 날이 언제인가는 자기 노력에 달려 있다.

제목에 등장하는 "곤산"은 자기 고향이다. "십년 떠돌아다니는 부평 신세"라고 한 것은 나라를 위해 싸우러 나선 것을 말한다. 보람이 큰일을 해도 고향을 떠났으니 가련한 나그네라고 했다. 꿈에서나 고향에 갈 수 있었다고 말했다. "싸우고 남은 무기도 탄식을 자아내"라고 한 것은 큰 전투는 끝났어도 뒤처리가 남아 있어 귀향하지 못한다는 것으로 이해된다. 시 제목에서는 배를 타고 곤산으로 간다고 했는데, 그 다음 구절과 연결시켜 보면 남은 용무를 처리하려고 배를 타고 가면서 귀향의 염원을 나타냈다고 보는 것이 마땅하다. "울울한 마음 어떻게 할 곳이 없어"는 고향 그리움에다 남은 용무 때문에 번민하는 것을 보태 한 말이라고 생각된다.

모든 일을 끝내고 고향에 돌아가 은거하면 번민이 다 사라지리라고 기대했다. 한시에는 산천과 더불어 즐거움을 누린다는 것이 많다. 전쟁이 끝나고 새 왕조가 자리를 잡자 응우옌 짜이는 관직을 버리고 귀향해 오랜 염원을 이루었다. 그러나 공적을 시기하는 소인배들의 모함을 받아 역적이라는 누명을 쓰고 처형되었다.

김상헌(金尙憲), 〈가노라 삼각산아...〉

가노라 삼각산아 다시 보자 한강수야
고국산천을 떠나고자 하랴마는
시절이 하 분분하니 올동말동 하여라.

김상헌은 병자호란 때 청나라와의 강화를 반대하다가 당시 청나라 수도인 심양으로 잡혀가면서 이런 시조를 지었다. "삼각산"과 "한강수"로 대표되는 "고국산천"을 떠나고 싶지 않지만, "시절이 하 분분하"다는 말로 암시한 데 그친 사유로 가서 "올동말동"하다고 했다.

벤더Hans Bender, 〈귀향Heimkunft〉

Im Rock des Feindes,
in zu großen Schuhen,
im Herbst,
auf blattgefleckten Wegen
geht du heim.
Die Hähne krähen
Deine Freude in den Wand.
und zögernd hält
der Knöchel
vor der stummen
neuen Tür.

적의 군복을 입고,

너무 큰 구두를 신고,

가을에,

낙엽 얼룩진 길을 걸어

너는 집으로 간다.

수탉이 울어

너의 기쁨은 바람 속으로,

복사뼈는

머뭇거린다.

침묵하고 있는

새로운 문 앞에서.

　벤더는 독일 현대시인이다. 제2차 세계대전 때 군인으로 나
가 소련에서 포로 생활을 하고 돌아와 이 시를 썼다. 패잔병의
귀향은 참담하다. 군복도 구두도 남의 것이다. 가을날 낙엽 얼
룩진 길을 걸어 집으로 가니, 수탉이 수상한 사람이라고 경계
하면서 울었다. 집에 도착하니 새로운 문이 달려 있고 인기척
은 없어 복사뼈가 아파도 들어가지 못하고 머뭇거렸다.

위광종(余光中), 〈**향수**(鄕愁)〉

小時候
鄕愁是一枚小小的郵票
我在這頭
母親在那頭

長大後
鄕愁是一張窄窄的船票
我在這頭
新娘在那頭

後來啊
鄕愁是一張矮矮墳墓
我在這頭
母親在裏頭

而現在
鄕愁是彎淺淺海峽
我在這頭
大陸在那頭

어릴 때
향수는 작은 우표 한 장.
나는 이쪽에,
어머니는 저쪽에.

자라서
향수는 작은 배표 한 장.
나는 이쪽에
신부는 저쪽에.

나중에
향수는 작디작은 무덤.
나는 이쪽에
어머니는 안쪽에.

지금
향수는 얕디얕은 해협.
나는 이쪽에
대륙은 저쪽에.

　대만 현대시인의 작품이다. 헤어져 그리워하는 향수라는 말
의 의미 변천을 통해 자기 생애를 되돌아보고 세상의 변화를 인

148

식했다. 가까운 곳의 어머니, 배 타고 가는 곳의 신부, 저승의
어머니, 해협 저쪽을 고향으로 삼아 그리워한다고 술회했다.

전봉건, 〈강에서〉

바람 불면
임진강으로 가서
못 건너는 강 건너
북쪽 땅 산자락
내 집을 보았습니다.
발돋움하고 보았습니다.
그러기를 30년
이제는 나이 들어 흐린 눈
바람 불면 임진강으로 가서
못 건너는 강 건너 북쪽 땅 산자락
내 집으로 부는 바람의
허연 뒷덜미나 보고 앉았습니다.
시퍼렇게 살갗 튼 발뒤꿈치나 보고 앉았습니다.

전봉건은 한국 현대시인이다. 휴전선 이북의 고향을 떠나와
돌아가지 못하고 그리워하는 마음을 선명하게 나타냈다. 임진
강에 다가가 바라보아도 고향도 집도 보이지 않고 "강 건너 북
쪽 땅 산자락"에서 "내 집으로 부는 바람의 허연 뒷덜미", "시
퍼렇게 살갗 튼 발뒤꿈치나 보고 앉았"다고 했다. "바람"이나
보고 있다는 것은 보이지 않는나는 말이다. 바람의 "뒷덜미"나
"발뒤꿈치"는 말이 되지 않는다. 보이지 않는 그곳에서 뒤돌
아선 사람의 모습을 본다는 말이다. 분단되어 왕래가 끊긴 북
쪽을 사람의 모습으로 인식하고, 앞으로 돌아서서 대면하기를
바라는 마음을 나타냈다.

전봉건, 〈만나지도 못함: 북의 고향을 그리며〉

우리는
만나지 못하지만
새들은 오가면서
서로 만난다

우리는
만나서 말 못 하지만
바람들은 오가면서
서로 만나 말을 한다

우리는
만나서 섞지 못하지만
빗발들은 오가면서
서로 만나 말도 하고 몸도 섞는다

빗발들은
서로 만나 말도 하고 몸도 섞어
바다로 가건만 우리는
만나지도 섞지도 못한다

바람들은 오가면서
서로 만나 말도 하고 꽃잎처럼
그렇게 웃기고 하건만 우리는
날지도 말하지도 못한다

새들은 오가면서
만나도 춤인 듯 그런 몸짓 손짓으로
서로 만나건만 우리는

아 만나지도 못한다

전봉건의 시를 한 편 더 든다. 북한에 있는 고향을 그리워하면서 이런 시를 썼다. 남북이 분단되어 새, 바람, 빗발은 오고 가지만 사람은 "만나지도 말하지도 못한다"고 탄식했다.

김규동, 〈고향에 돌아간 꿈〉

오래 잊지 못하던
고향에 돌아와
느릅나무 밑에 서본다
가지를 쳐주던 그때의 소년은 없고
나무는 아름드리로 자라
하늘로 뻗었다
달리는 구름
부서지는 파도의 굉음도 멀어지고
흰 모래언덕을 넘는
그림자도 보이지 않는다
살아 있었구나
모두들 살아 있었구나
할머니가 다 된 누님이
살구나무 사잇길로 걸어나와
우윳빛 아파트단지 너머로
둥글게 퍼진 하늘을 쳐다본다
전쟁이 나던 해가 언제던가
그때 집은 타버리고
느릅나무와 우물이 남았지
어린 시절 알던 사람들
모두 잘 살고 있지

그러면서
죽은 사람들과 멀리 가 있는 이들
이름을 외웠으나
갈라진 음성이 가냘피 떨렸다
남자들같이 큰 손을 하고
누님은 일터로 간다고 일어섰다
오랜만에 돌아온 아우는
너무 변한 고향 모습에
꿈결같이 흘러간 40년을
허무하게 돌아다보며
느릅나무 등걸에 손을 얹었다
안개가 걷히고
백양나무가 일렬종대로 늘어서서
손을 흔들었다 무수한 깃발처럼
검게 빛나는
흙 한 줌 손에 떠 쥐고
바라보니
누님은 벌써
꽃이 피어 널린 들길로
치맛자락 걷어쥐고
저만치 바삐 가고 있었다
멀리 꿈속의 산들이
일제히 우줄우줄 일어섰다

  한국 현대시인 김규동의 작품이다. 남북 분단 때문에 고향
에 돌아갈 수 없는 안타까움을 말하지 않고, 꿈에는 돌아간 것
으로 상상했다. 그래서 과거·현재·미래가 뒤섞인다. 과거는
기억 속의 고향이다. 현재는 자기가 살고 있는 시점에서 보이
는 광경이다. 미래는 고향에 돌아간다고 상상하는 꿈속의 시
간이다. 이 세 시간에서 보는 것들이 뒤섞여 구별되지 않는다.

"할머니가 다 된 누님이/ 살구나무 사잇길로 걸어나와/ 우윳빛 아파트단지 너머로둥글게 퍼진 하늘을 쳐다본다" 이 대목의 시제를 보자. "할머니가 다 된 누님"은 현재의 상황이다. 만나는 상상은 미래의 시점이다. "살구나무 사잇길"은 기억 속의 과거이다. "우윳빛 아파트단지"는 지금 자기가 살고 있는 곳이다. 과거의 누님이 현재의 누님이 되어 과거의 길을 지나 지금 자기가 살고 있는 곳으로 걸어나온다고 상상했다.

제II장
나라를 떠나서

단의종(段義宗), 〈고향 생각을 하고 짓는다(思鄕作)〉

瀘北行人絶
雲南信未還
庭前花不掃
門外柳誰攀
座久銷銀燭
愁多滅玉顔
懸心秋夜月
萬里照關山

노강 북쪽으로 행인이 끊어졌나.
운남 소식은 돌아오지 않는구나.
뜰 앞의 꽃 쓸지 않고 있겠지.
문 밖의 버들에는 누가 올라가나.
오래 앉아 은빛 초만 녹이면서,
근심이 많아 고운 얼굴 쇠약해질 때,
마음을 매달고 있는 가을밤 달은
만리 밖 관문의 산까지 비춘다.

　단의종은 남조국(南詔國) 백족(白族) 시인이다. 지금은 중국의 일부가 된 운남(雲南)에 남조국이 있었다. 《전당시》(全唐詩)에서 단의종이 "외의"(外夷)라고 밝히고 이 시를 수록했다. 중국 당나라에 사신으로 가서 고국을 그리워하면서 지은 시이다. 외국에 가 있으면 고향과 고국이 겹친다. 고국을 떠난 슬픔과 고향을 잃은 슬픔을 함께 노래한다. 서두에서 고국을 떠나 격리된 상황을 말했다. 노강(瀘江)은 자기 나라 북쪽을 흐르는 강이다. 노강을 건너다니는 사람이 없어 소식이 끊어졌는가 하고 한탄했다. 그 다음에는 두고 온 고향 집의 모습을 그렸다. 뜰에 떨어진 꽃, 문 밖에 서 있는 버들을 생각하고, 자기가 없으니 쓸 사람도 오를 사람도 없다고 하면서 그리움을 나타냈다. 방 안에 들어앉아 근심스럽고 쇠약한 모습을 하고 있다고 했다. 만리 밖 두 나라의 국경 관문까지 비추는 가을밤의 밝은 달에다가 그립고 안타까운 마음을 매단다고 술회했다. 달을 보고 고향 생각을 한 것이 이백의 〈고요한 밤의 생각〉과 같으면서, 고향을 생각해야 할 이유가 분명하고 절실하다.

혜초(慧超), 〈고향을 그린 시(望鄕詩)〉

月夜瞻鄕路
浮雲颯颯歸
緘書參去便
風急不聽廻
我國天岸北
他邦地角西
日南無有雁
誰爲向林飛

달밤에 고향 길을 바라보니,
뜬구름만 너울너울 돌아가네.
가는 편에 편지라도 부치려 해도,
바람은 급해 말 들으려 돌아보지 않네.
내 나라를 하늘 끝 북쪽에 두고,
다른 나라 서쪽 모퉁이에 와 있다니.
남쪽은 따뜻해 기러기도 오지 않는데,
누가 계림을 향해서 날아가리.

한국 신라시대 승려 혜초가 인도에서 고국을 그리워한 시이다. 혜초가 남긴 기행문 《왕오천축국전》(往五天竺國傳)에 들어 있으며, 제목이 따로 없어 임의로 붙였다. 달을 보고 고향을 그리워한 것은 흔히 볼 수 있는데, 여기서는 외국에 멀리 떠나 있어 고국이 고향이다. "鄕", "我國", "林"이라는 말로 고국을 나타냈다. "林"은 "鷄林"이다. 고국이 지금 자기가 있는 인도가 아득하게 멀다고, 그래서 소식을 전할 길이 없다고 여러 줄에 걸쳐 탄식했다.

달밤이니 기러기를 생각할 수 있지만, 따뜻한 남쪽에는 날아 오지 않는다고 했다. 흰 구름이 가는 편에 편지를 부치겠다는 불가능한 상상을 하고, 바람이 급해 돌아다보지도 않는다고 원망했다. 인도에는 만날 수 없는 상대에게 사자(使者)를 시켜서 말을 전한다는 시를 짓는 전통이 있다. 상상을 해도 사자를 구하지 못해 고독과 절망이 극도에 이르렀다.

이제현(李齊賢), 〈돌아갈 생각(思歸)〉

扁舟漂泊若爲情
四海誰云盡弟兄
一聽征鴻思遠信
每看歸鳥嘆勞生
窮秋雨鎖靑神樹
落日雲橫白帝城
認得蒪羹勝羊酪
行藏不用問君平

조각배로 떠다니니 어찌 정이 들겠나,
사해가 다 형제라고 누가 일렀는가.
떠나는 기러기 소리 한 번 듣고 먼 곳 소식 생각하며,
돌아가는 새를 보고 수고로운 삶을 탄식한다.
궁상맞은 가을비 청신 숲에 자욱하고,
해 질 녘의 구름이 백제성을 가로질렀네.
순채국이 양락보다 나음을 알았으니
나아가고 물러남을 군평에게 물을 것 없다.

이제현은 한국 고려 후기 시인이다. 국가의 임무를 맡아 중국 원나라에서 고생하면서 지은 시이다. 그리움의 계절 가을

이다. 떠나는 기러기 소리 한 번만 듣고도 먼 곳 고향의 소식이 궁금하다고 했다.

　순채국은 고향에서 먹던 시골 음식이고, 양락은 양젖으로 만든 고급 음식이며 벼슬한 사람이라야 먹는다. 군평은 한나라 때의 인물이며, 고향에서 먹던 순채국이 생각나서 벼슬을 버렸다고 한다. 이런 고사를 이용해 고국으로 돌아가고 싶은 생각을 간절하게 나타냈다.

정몽주(鄭夢周), 〈나그네의 거처에서(旅寓)〉

生平南與北
心事轉蹉跎
故國海西岸
孤舟天一涯
梅牕春色早
板屋雨聲多
獨坐消長日
那堪苦憶家

한평생 남쪽 북쪽 떠돌다 보니
세상일 마음과는 어긋나구나.
고국은 바다 서쪽 까마득한데,
쪽배 타고 하늘 끝 여기까지 왔구나.
매화 핀 창가에 봄이 이르고,
판자 쪽 지붕 빗소리가 요란하구나.
긴 날을 홀로 앉아 보내면서
애끊이는 집 생각을 견디기 어렵다.

　정몽주는 고려 말의 문신이다. 일본에 사신으로 가서 이 시를 지었다. 맡아서 간 임무는 왜구를 누르는 것이었는데 뜻대로 되지 않고 고달프기만 해서 자기 생애를 되돌아보았다. 외교 사절이 되어 남북으로 다니느라고 어렵게 지낸 것이 한탄스럽다고 술회했다. 나그네 숙소에 봄이 와서 매화가 핀 날 빗소리를 들으면서 긴 날을 혼자 보내니 집 생각이 간절하다고 했다.

이엽(李曄), 〈고향을 그린 시(望鄉詩)〉

春方東到恨方長
風自西歸意自忙
親失夜筇呼曉月
妻如畫燭哭朝陽
傳承舊院花應落
世守先塋草必荒
盡是三韓侯閥骨
安能異域混牛羊

봄이 바야흐로 동쪽에 이르니 한탄이 길어지고,
바람은 저절로 서쪽으로 불어가 마음이 절로 급하네.
아버지는 밤 지팡이 잃은 듯이 새벽달에 울부짖고,
아내는 날 샌 촛불처럼 되어 아침볕에 통곡하리라.
물려받은 옛 동산에 꽃은 응당 떨어졌겠고
대대 선영은 풀이 자라 반드시 황폐해졌으리라.
모두 삼한의 이름난 집안 후손인데
어찌 남의 땅에서 소나 양과 섞여 지내리.

　이엽은 한국 조선시대 무장인데, 특별한 사유가 있어 이 시를 지었다. 내용을 보아 이것도 〈고향을 그린 시〉(〈望鄉詩〉)라고 했다. 시를 지은 내력을 살펴보자.
　임진왜란 때 많은 사람이 포로가 되어 일본으로 끌려갔다. 그 가운데 조정 관원이었던 강항(姜沆)이라는 선비가 《간양록》(看羊錄)이라는 책에 수난의 내력을 기록했다가 다행히 귀국하게 되어 세상에 알렸다. 그 책에 들어 있는 강항의 시에도 겪고 있는 고통을 하소연하고 고국을 생각하는 사연이 있어 소개할 만하지만, 다른 사람의 시를 전한 이런 것이 더 큰 감동을 준다.

포로들이 탈출을 꾀하는 사건이 계속 일어났다고 했다. 전라좌병영 장수였던 이엽은 우대받고 있었으면서도 몰래 배를 마련해서 동포들과 함께 탈출을 하려다가 실패하자 칼을 빼어 물고 물에 뛰어들었다. 왜적들은 이엽 일행의 시체를 건져서 사지를 찢었다. 강항은 이엽이 배 떠나기 전에 읊었다는 이 시를 옮겨놓고, "나는 이 이야기를 들을 때마다 이마에서 진땀이 주르르 흐르는 줄도 모르고 멍하니 서 있었다. 무인에 이런 사람이 있는가! 나는 글을 읽는 사람이 아닌가!"라고 탄식했다고 적었다.

"東"은 일본이고, "西"는 고국이다. "三韓"은 고국이고, "異域"은 일본이다. 국호는 사용하지 않고 두 곳을 구별하는 시적 표현을 사용했다. 잡혀간 내력에 대해서는 말하지 않고, 자기를 잃고 비탄에 잠겼을 아버지와 아내를 생각했다. 자기가 겪고 있는 수난을 들어 항변하지 않고, "옛 동산"과 "선영"을 말하면서 선조와 연결된 곳들을 두고 온 슬픔을 하소연했다. 자기 자신에 관해 할 말은 눌러두고, 그리움의 대상에 대한 배려를 한시 특유의 구성과 표현을 갖추어 나타냈다. 작품의 내력을 알아야 생략된 사연을 보충해 이해를 온전하게 할 수 있다.

이 시를 보면 시인이 아니라도 시를 쓸 수 있는 것을 알 수 있다. 나타내고자 하는 사연이 절실하면 좋은 작품이 생겨난다. 잃어버린 고향을 그리워하는, 누구에게나 있을 수 있는 마음을 자기 체험을 바탕으로 생생하게 나타내 공감을 얻는다. 이 작품은 흔히 있는 정도를 많이 넘어서서 특별한 사정으로 고향을 잃고 고국을 떠난 고난을 하소연해 예사 실향시와 많이 다르다고 할 것이 아니다. 처참한 지경에 이르러 토로하지 않을 수 없는 기막힌 심정도 누구에게서든지 시가 된다.

사람은 누구나 간직하고 있는 시심(詩心)이 두 가지 상반된 상황에서 떠오른다. 일상적인 활동이 정지되어 고요할 때면 기억해둔 자장가처럼 시가 살아난다. 일상적인 활동을 할 수 없게 시달릴 때에는 시가 비명 소리로 나타난다. 마음속의 시가 적절한 표현을 얻으면 형체를 갖춘다. 이 단계에까지는 이르지 못해 그냥 사라지는 시가 대부분이다.

봉림대군(鳳林大君), 〈청석령 지나거냐...〉

청석령 지나거냐 초하구 어디매오?
호풍도 차도찰사 궂은 비는 무삼 일고,
뉘라서 내 행색 그려내어 임 계신 데 드릴고.

봉림대군은 한국 조선왕조의 왕자이다. 병자호란 때 청나라로 잡혀가면서 이 시조를 지었다. 청석령(青石嶺)과 초하구(草河溝)는 압록강을 건너 청나라 수도 심양으로 가는 도중에 있는 지명이다. 바람이 차고, 궂은 비가 오는 것을 들어 고난을 말하면서 자기 행색이 임금에게 전해지기를 바랐다.

브라우닝Robert Browning, 〈고향 생각, 외국에서Home Thoughts, from Abroad〉

Oh, to be in England,
Now that April's there,
And whoever wakes in England
Sees, some morning, unaware,
That the lowest boughs and the brushwood sheaf
Round the elm-tree bole are in tiny leaf,
While the chaffinch sings on the orchard bough In England now!

And after April, when May follows,

And the whitethroat builds, and all the swallows!
Hark! where my blossomed pear-tree in the hedge
Leans to the field and scatters on the clover
Blossoms and dewdrops — at the bent spray's edge!
That's the wise thrush; he sings each song twice over,
Lest you should think he never could recapture
The first fine careless rapture!
And though the fields look rough with hoary dew,
All will be gay when noontide wakes anew
The buttercups, the little children's dower,
— Far brighter than this gaudy melon-flower!

오, 영국에 있다면!
이제 그곳 사월이니,
영국에서 잠을 깨면 누구나
어느 날 아침 알지 못하고 있다가 본다,
가장 낮은 가지, 숲 덤불,
느릅나무 줄기를 둘러싼 작은 잎들,
방울새가 나뭇가지에서 노래하는, 영국 지금!

사월이 지나고 오월이 오면,
휘파람새가 둥지를 틀고, 제비들도 그렇게 하지.
들어 보아라, 울타리에서 꽃이 한창인 우리 배나무가
들판으로 몸을 기울이고, 클로버 위로 꽃과 이슬을 뿌리는데,
하늘거리는 연한 가지 끝에서
영리한 개똥지빠귀가 노래를 되풀이해 부른다.
무심코 내뱉은 황홀한 소리
한 번만이면 알아듣지 못할까 염려해!
들판은 하얀 이슬로 덮여 황량한 것 같지만,
낮이 되면 모두 즐거우리라.
어린아이들의 몫인 미나리아재비가 잠을 깨면,
화려한 멜론 꽃보다 훨씬 빛나는 모습으로!

영국의 근대시인 브라우닝이 지은 망향의 노래이다. 외국에서 지내고 있으면서 영국이 자기 고국이므로 가장 아름다운 곳이라고 한다. 보지 못하고 생각만 하는 그리움이 아름다움을 키웠다. 모국어는 다정하게 들리니까 가장 아름다운 말이라고 하는 것과 같다. 기억에 저장했다가 되살려낸 전원의 모습을 아름다운 말로 그려내면서 시가 진행되었다. 동식물에 관한 지식을 많이 갖추고 자랑스럽게 활용하던 시대의 산물이다.

하이네 Heinlich Heine, 〈외지에서 Heinlich Heine〉

Ich hatte einst ein schönes Vaterland.
Der Eichenbaum
Wuchs dort so hoch, die Veilchen nickten sanft.
Es war ein Traum.

Das küßte mich auf deutsch, und sprach auf deutsch
(Man glaubt es kaum
Wie gut es klang) das Wort: "ich liebe dich!"
Es war ein Traum.

나에게도 전에는 아름다운 조국이 있었다.
떡갈나무가
그곳에 높이 자라고, 제비꽃이 가볍게 흔들리고,
그것은 꿈이었다.

조국이 나에게 독일식으로 입맞추고 독일어로 말했다.
(얼마나 아름답게 들었는지
아무도 믿지 않겠지만) "나는 너를 사랑한다"는 말을 했다.
그것은 꿈이었다.

하이네는 독일 낭만주의 시인이다. 정치적인 이유로 추방되어 고국을 그리워하는 시를 지었다. 자유주의 사상을 지녔다는 이유에서 자기 나라 독일에서 추방되어 외지를 헤맬 때 고국을 그리워하면서 지은 시가 세 편 이어지는데, 그 가운데 셋째 것이 가장 간명하고 절실해 여기 제시한다.

한자어에서는 '祖國'이 '할아버지 나라'이다. 영어와 독어에는 '어머니 나라'와 '아버지 나라'를 뜻하는 'motherland'와 'fatherland', 'Mutterland'와 'Vaterland' 양쪽이 다 있다. 이 작품에서는 조국을 'Vaterland'라고 해서 '아버지 나라' 쪽을 택했다. '어머니 나라'라고 하면 혈연이 중요시되어 조국을 떠나도 잃은 것은 아니다. '아버지 나라'는 법적인 지위를 두고 하는 말이어서, 국적을 박탈당하고 추방되면 잃는다. 권한을 가진 당국의 허락을 받지 못하면 돌아가지 못한다. 이런 경우에 당면하는 고난을 이 시가 말해주었다.

제2연에서 독일 방식으로 입 맞추고 독일어로 "너를 사랑한다"고 말한 나라는 '어머니 나라'이므로 '아버지 나라'와의 관계에서는 효력이 없어 꿈에 지나지 않는다. 제1연에서 "조국이 있었다"고 과거형으로 말한 것은 공식적인 관계이다. 공식적인 관계는 단절되었다. 그래도 '어머니 나라'는 잊을 수 없어, 표상이 되는 "떡갈나무"와 "제비꽃"을 생각하면서 그리워했다.

위고Victor Hugo, 〈**추방**Exil〉

Si je pouvais voir, ô patrie,
Tes amandiers et tes lilas,
Et fouler ton herbe fleurie,
Hélas !

Si je pouvais, – mais, ô mon père,
O ma mère, je ne peux pas, –
Prendre pour chevet votre pierre,

Hélas !

Dans le froid cercueil qui vous gêne,
Si je pouvais vous parler bas,
Mon frère Abel, mon frère Eugène,
Hélas !

Si je pouvais, ô ma colombe,
Et toi, mère, qui t'envolas,
M'agenouiller sur votre tombe,
Hélas !

Oh ! vers l'étoile solitaire,
Comme je lèverais les bras !
Comme je baiserais la terre,
Hélas !

Loin de vous, ô morts que je pleure,
Des flots noirs j'écoute le glas ;
Je voudrais fuir, mais je demeure,
Hélas !

Pourtant le sort, caché dans l'ombre,
Se trompe si, comptant mes pas,
Il croit que le vieux marcheur sombre
Est las.

나는 보고 싶다, 오 조국이여,
그대의 아몬드나무, 그대의 라일락을,
그리고 꽃 핀 풀밭을 거닐고 싶다.
아 애통하다!

나는 하고 싶다, 아버님이시여,

166

어머님이시여, 할 수 없단 말인가,
두 분 무덤에 머리에 얹고 싶다.
아 애통하다!

너희들이 감금된 차디찬 관 속에서
나지막하게 말하고 싶다.
내 형제 아벨이여, 위젠느여.
아 애통하다!

나는 하고 싶다, 나의 비둘기여,
그대, 날아오르는 어머니여,
그대의 무덤에서 무릎을 꿇고 싶다.
아 애통하다!

오, 외로운 별을 향해,
어떻게 내가 팔을 쳐들어야 하나,
어떻게 내가 땅에 입맞추어야 하나.
아 애통하다!

멀리서, 죽은 이들이여 나는 울면서
조종(弔鐘)의 검은 물결 소리 듣는다.
나는 도망하고 싶지만 그냥 있다.
아 애통하다!

그런데 그늘에 숨은 운명이
내 발걸음을 살펴보고
늙고 우울한 보행자를 판정하다니,
지쳤다고.

　프랑스 시인 위고는 나폴레옹 3세의 집권을 반대하다가 국
외로 추방되었다. 1855년부터 1870년까지 프랑스 브르타뉴

와 아주 가까운 곳에 있는 영국령 제르시(Jersey) 섬에 머물렀다. 그 시기에 이 시를 지어, 조국과 가족을 그리워하는 마음을 나타냈다. 하이네, 〈외지에서〉와 흡사한 작품인데, 사연이 더 길고 한층 처절하다. 고국에 돌아가고 싶다고 하는 소극적인 생각을 하지 않고, 고국이 폭정에 시달리는 것을 애통하게 여기고 해방시켜야 한다고 했다.

되풀이되어 나타나는 "si je pouvais"는 "만약 내가 할 수 있다면"이라고 하는 가정법 조건절이다. "참으로 좋으리라"라고 하는 귀결절은 생략되었다. 직역을 하면 어색하므로 "나는 하고 싶다"라고 의역했다. "hélas"는 "아"라고 번역할 수 있는 감탄사이지만, 애통한 심정을 나타낼 때 쓰므로 "아 애통하다"라고 했다.

조국의 나무와 풀을 먼저 찾은 것은 하이네의 〈외지에서〉와 같다. "두 분 무덤을 머리에 얹고 싶다"고 한 것은 부모 무덤 발치에 묻히고 싶다는 말이다. 부모를 그리워하는 마음과 죽어서라도 돌아가고 싶은 심정을 함께 나타냈다. 형제들이 묻힌 무덤에 함께 가 있으면서 다정한 말을 나누고 싶다고 했다. 부모의 죽음은 사실이라도, 형제들마저 무덤에 묻혔다는 것은 폭정에 시달린다는 말로 생각된다.

"비둘기"는 자유의 상징이라고 할 수 있다. 어머니처럼 소중한 자유가 압살된 무덤으로 가서 무릎을 꿇지도 못한다고 애통해 했다. "외로운 별"은 조국을 압제에서 해방시키고자 하는 희망이다. 실현 가능성이 의심스러운 희망을 위해 무엇을 어떻게 해야 하는지 물었다. 압제에 시달리는 사람들을 "죽은 이들"이라고 하고, 조종의 소리가 검은 물결처럼 들려오고 있어 멀리 도망치고 싶지만 조국은 가까이서 바라보고 있다고 술회했다.

제7연에서 한 말은 복잡하다. 자기는 투지를 가지고 버티지만, 정체를 드러내지 않는 운명이 "너는 늙고 우울하고 지치기조차 했다"고 판정하는 것 같아 또한 애통하다고 했다. "지쳤다"고 하는 말의 원문 "Est las"는 "아 애통하다"는 "Hélas"와 발음이 같은 "에 라"이다. 고어에서는 "las"가 "Hélas"의 뜻이기도 했다.

뚜궈칭(杜國淸), 〈회향석(回鄕石)〉

暴風雨後
洪水沖毀了祖田
一顆石頭千翻萬滾
遠離了家園

失落 在路邊
蒙塵的玫瑰窗下
任西風 吹掠

萬水千山 滾過
一顆殘岩 傷痕累累
西方日落 驀然回首
洋燈 閃亮在
傳統的巷眉

一顆頑石 遠離家園
擱淺在異國的斜坡
那冥頑的土質 永遠
飽含鄕土磁性
感應者 鄕情
千里盈盈

故鄕 永恒的磁礦
在游子心盤上
思念的指針
動盪之後 永遠

定向故鄉

폭풍우 뒤에
홍수가 조상의 밭을 휩쓸어버렸다.
돌멩이 하나 천만 번 굴러가
집안 뜰에서 멀어졌다.

방향을 잃고 떨어진 길가에서,
먼지로 더러워진 장미의 창 아래에서,
서풍에 맡겨져 노략질당했다.

만수(萬水) 천산(千山)에 굴러다녀
돌멩이 하나 남은 것 상처투성이.
서쪽에서 해가 지니 갑자기 머리를 돌리고,
양등(洋燈)에 불을 밝힌다,
오래된 마을 끝에서.

어리석은 돌멩이 하나 집안 뜰을 떠나
이국의 언덕에 버려져 있다.
그 어리석은 토질은 영원히
고향 땅의 자성(磁性)을 가득 지닐 것이다.
감응하는 것이 고향의 정이어서
천리(千里) 길에 가득 가득하다.

고향은 영원한 자성광물,
나그네의 마음에서
생각의 지침.
떠나온 다음에도 영원히
고향을 향하고 있다.

　이 시를 지은 사람은 미국에서 활동하고 있는 대만 시인이다. "폭풍우 뒤에 홍수가 조상의 밭을 휩쓸어버렸다"고 한 것은 아편전쟁 이후 외세의 침략으로 빚어진 중국의 수난을 두고 한 말이다. 그 때문에 살 길을 찾아 해외로 이주한 사람들에 자기도 있어 "돌멩이 하나 천만 번 굴러가 집안 뜰에서 멀어졌다"고 했다. 이렇게 설명하면 쉽게 풀리는 작품이다.

"돌멩이 하나"라고 한 자기가 서양으로 흘러가 수난을 당한다고 했다. "장미의 창"이나 "서풍"이 서양을 뜻한다. "먼지로 더러워진 장미의 창 아래에" 머무르는 처지가 되고, "서풍에 맡겨져 노략질 당했다"고 탄식했다. 미국으로 간 중국인 또는 다른 아시아인들이 지닌 열등감과 겪은 어려움을 말해주었다.

"만수(萬水) 천산(千山)에 굴러다녀 돌멩이 하나 남은 것 상처투성이"라는 말로 외톨이의 수난을 표현했다. "서쪽에서 해가 지니 갑자기 머리를 돌리고"에서는 서양도 몰락의 기미가 있자 자기 자신을 되돌아보게 되었다고 했다. "양등(洋燈)에 불을 밝힌다"는, 고국에서는 어떻게 하는지 알 수 없으므로 서양에서 하는 방식을 본받아 의식각성을 하게 되었다는 말이다. "오래된 마을 끝에서"는 "이주해서 오래 살아 이미 낡은 마을에서 벗어나려고 하면서"라는 뜻이라고 풀이할 수 있다.

자기 자신을 말하는 외로운 돌멩이가 떠나온 고국 또는 고향을 잊지 못하는 것은 양쪽 다 자석의 성질인 자성(磁性)을 가져, 작은 자석이 큰 자석에게 이끌리기 때문이라고 했다. 멀리 떠나서도 고향에 대한 그리움을 떨칠 수 없다는 것을 자석의 비유를 들어 말하고, 마음속에서는 고향에 돌아가는 돌이라는 뜻의 〈회향석〉(〈回鄕石〉)을 작품 제목으로 삼은 착상이 참신하고 기발하다.

그렇지만 작품 문면에 구체적인 사항은 없다. 어느 시기의 어떤 사건이 수난을 초래했는지 말하지 않았다. 자기 고향이 중국 어디인지, 대만인지 대륙인지도 밝히지 않고, 중국이라고 하지도 않았다. 이주한 곳이 서양이라고만 하고 미국이라는 말도 없다. 특수성의 미비로 보편성이 크다. 서세동점 이래의 정치적인 수난 때문에 고국에 있지 못하고 밖으로 나가야 했던 여러 나라 수많은 사람이 모두 자기의 처지를 두고 하는 말이라고 이해하고 공감하게 했다.

제12장
난민의 수난

데라드지 Abder Derradji, 〈도망꾼 난민 Refugitive〉

I am the migrant soul,
I am the fugitive from fear,
I am the scapegoat tool,
I am who made life dear,

I am what they want me to be,
I am a fugitive.. And a refugee.

I am an alien.. an intruder from space,
I have no status... Nor rights or place,
Whatever I do I'll be the same,
Whatever I say I'll have the blame,
What a disgrace ! And what a shame !

I told them that I have only one face,
I play fair, compete and race,
I even pay taxes.. I keep the country tidy like they do,
I walk straight and tighten my lace,
That no one could slip on and creates a case,
To make my life hell... to make me lose face,

But they still decide to keep the name,
To act in double and remain the same,
What a disgrace ! And... What a shame !

나는 떠도는 혼령이다.
나는 공포에서 벗어나려는 도망꾼이다.
나는 희생되는 도구이다.
나는 삶을 쓰라리게 한다.

내가 이 지경이기를 그들은 원한다.

나는 도망꾼이다... 나는 난민이다.

나는 외계인이다... 우주에서 온 침입자이다.
나는 정체가 없다... 인권도, 주거도 없다.
나는 무엇을 해도 달라지지 않는다.
나는 무슨 말을 해도 비난받는다.
무슨 망신인가! 무슨 창피인가!

나는 그들에게 내 얼굴이 하나라고 말했다.
나는 공정하게 처신하고, 경쟁하고, 달린다.
나는 세금을 내기도 한다... 나는 그들처럼 나라를 깨끗하
게 한다.
나는 똑바로 걷고 복장을 단정하게 한다.
다른 사람이 넘어지지 않게 하고, 모범이 되는 사례를 만든다.
내 삶을 망치고, 체모를 잃으면서.

그러나 그들은 여전히 전과 같다.
이중 행동을 하면서 전과 같다.
무슨 망신인가! 무슨 창피인가!

데라드지는 아랍계 미국 현대시인이다. 미국에서 겪는 아
랍인 난민의 곤경을 이 시에서 말한 것 같다. 시 제목의
"refugitive"는 "refugee"(난민)과 "fugitive"(도망꾼)를 합친
말이다. 난민은 자기 나라에 살지 못하고 외국으로 도망친 사
람이다. 그래서 난민을 도망꾼이라고도 부를 수 있다. 박해를
피해 도망쳤으나, 찾아간 나라에서 난민으로 인정하고 받아들
이지 않아 불법거주자로 살아가는 경우가 흔히 있다.

"이중 행동을 하면서 전과 같다"고 한 것은 착실하게 살고 세
금을 내라고 하면서 국적은 주지 않는 이중 행동을 전과 같이
계속해서 한다는 말이다. 도망꾼 난민은 해야 할 도리를 다 해

도 합법적인 지위를 얻지 못하고 예외자로 남아 고통을 겪는다고 했다.

제2연 서두의 "I am what they want me to be"는 직역하면 "나는 그들이 내가 무엇이기를 바라는 바이다"이다. 무슨 말인지 알도록 "내가 이 지경이기를 그들은 바란다"고 옮겼다. 자기가 난민으로 인정되지 못하고 불법거주자 노릇을 하면서 고통을 받는 것을 결정권을 쥔 관리들이 바란다는 말이다.

오든W. H. Auden, 〈난민의 노래 Refugee Blues〉

Say this city has ten million souls,
Some are living in mansions, some are living in holes:
Yet there's no place for us, my dear, yet there's no place for us.

Once we had a country and we thought it fair,
Look in the atlas and you'll find it there:
We cannot go there now, my dear, we cannot go there now.

In the village churchyard there grows an old yew,
Every spring it blossoms anew:
Old passports can't do that, my dear, old passports can't do that.

The consul banged the table and said,
"If you've got no passport you're officially dead":
But we are still alive, my dear, but we are still alive.

Went to a committee; they offered me a chair;
Asked me politely to return next year:
But where shall we go to-day, my dear, but where shall we go
    to-day?

Came to a public meeting; the speaker got up and said;

176

"If we let them in, they will steal our daily bread":
He was talking of you and me, my dear, he was talking of you
and me.

Thought I heard the thunder rumbling in the sky;
It was Hitler over Europe, saying, "They must die":
O we were in his mind, my dear, O we were in his mind.

Saw a poodle in a jacket fastened with a pin,
Saw a door opened and a cat let in:
But they weren't German Jews, my dear, but they weren't
German Jews.

Went down the harbour and stood upon the quay,
Saw the fish swimming as if they were free:
Only ten feet away, my dear, only ten feet away.

Walked through a wood, saw the birds in the trees;
They had no politicians and sang at their ease:
They weren't the human race, my dear, they weren't the human race.

Dreamed I saw a building with a thousand floors,
A thousand windows and a thousand doors:
Not one of them was ours, my dear, not one of them was ours.

Stood on a great plain in the falling snow;
Ten thousand soldiers marched to and fro:
Looking for you and me, my dear, looking for you and me.

이 도시에 천만인이 산다고 하자.
저택에 사는 사람도 있고, 굴속에 사는 사람도 있다.
그러나 우리가 살 곳은 없다, 사랑하는 이여, 우리가 살
　곳은 없다.

예전에는 우리도 나라가 있었다. 좋은 나라였다고 생각한다.
지구의를 보면 어디 있었는지 찾을 수 있다.
우리는 지금 거기 갈 수 없다, 사랑하는 이여, 우리는
　지금 거기 갈 수 없다.

시골 마을 교회 정원에 고목이 된 주목이 계속 자라고 있으며,
해마다 봄이면 꽃이 다시 피지만,
우리의 낡은 여권은 갱신되지 않는다, 사랑하는 이여,
　우리의 낡은 여권은 갱신되지 않는다.

영사가 책상을 치면서 말했다.
"너희는 여권이 없으니 법적으로는 죽었다!"
그러나 우리는 아직 살아 있다, 사랑하는 이여, 그러나
　우리는 아직 살아있다.

위원회에 갔더니, 그곳 사람들은 의자에 앉으라고 하고,
내년에는 돌아가지 않겠느냐고 정중하게 물었다.
그러나 우리는 오늘 어디로 가야 하나, 사랑하는 이여,
　그러나 우리는 오늘 어디로 가야 하나?

대중 집회에 가니, 연사가 일어서서 말했다.
　"저 사람들을 들어오게 하면, 우리 먹거리를 훔칠 것이다."
사람은 우리를 두고 말했다, 사랑하는 이여, 그 사람은
　우리를 두고 말했다.

천둥이 하늘에서 으르렁거리는 소리를 들었다고 생각한다.
그것은 유럽 위의 히틀러이며, "그 녀석들은 죽어라"고 한다.
오, 우리는 그 손아귀에 있다, 사랑하는 이여, 오, 우리는
　그 손아귀에 있다.

조끼에다 넣어 안고 있는 복슬강아지를 보았다.
문을 열고 고양이가 들어오게 하는 것을 보았다.
그것들은 독일 유태인이 아니다, 사랑하는 이여, 그것들
　은 독일 유태인이 아니다.

항구로 가서 선창에 서 있었다.
자유로운 듯이 헤엄치는 고기를 보았다.
단지 열 피트 저쪽에서, 사랑하는 이여, 단지 열 피트
　저쪽에서.

숲을 걸어가다가 나무 위의 새들을 보았다.
새들은 정치인이 없어 마음껏 노래를 불렀다.
새들은 사람이 아니니, 사랑하는 이여, 새들은 사람이
　아니니.

꿈을 꾸면서 나는 천 층이나 되는 빌딩을 보았다.
창도 천 개나 되고, 문도 천 개나 되는데,
우리 것은 하나도 없구나, 사랑하는 이여, 우리 것은
　하나도 없구나.

눈 내리는 들판에 서서 보니,
군인 만 명이 이리 갔다가 저리 갔다가 한다.
너와 나를 찾으려고, 사랑하는 이여, 너와 나를 찾으려고.

　오든은 영국 출신의 미국 현대시인이다. 히틀러의 박해 때문
에 독일 유태인들이 독일을 떠나 부국적자 난민이 되어 방황하
는 것을 보고 이 시를 지었다. 자기가 하는 말을 적지 않고, 서
술자인 유태인 난민이 동행하고 있는 "사랑하는 이"에게 하는
말로 시를 이어나갔다.
　제목을 직역하면 〈난민 블루스〉이다. "블루스"는 춤을 추는
악곡이다. 슬픈 심정을 나타내는 노래를 블루스라고 한 것은

반어이다. 이런 의미를 미리 알기 어려우므로 제목을 〈난민의 노래〉라고 옮겼다.

제1연은 어느 낯선 나라에 도착해서 하는 말이다. 가난한 사람은 "굴속"에 사는데, 자기는 그런 거처도 없다고 했다. 제2연에서 "예전에는 우리도 나라가 있었다"고 한 것은 유태인이 로마제국의 박해 때문에 사방으로 흩어지기 전에 있었던 나라를 말한다. 제3·4연에서는 고목에도 꽃이 다시 피지만, 자기네는 여권이 갱신되지 않아 법적으로는 죽었다고 했다. 제5·6연에서는 낯선 나라에 가서 당하는 곤경을 있는 그대로 말했다.

제7연에서 모든 것이 히틀러 때문임을 밝혔다. 제8연에서는 우연히 목격하게 된 복슬강아지나 고양이는 독일 유태인이 아니므로 환영을 받고 살 곳이 있다고 했다. 자기네는 개나 고양이만도 못한 신세가 되었다고 했다. 제9연에서도 지나가다가 본 것을 말하면서, 물에서 헤엄치는 고기의 자유가 자기네에게는 없다고 했다. 제10연에서는 마음껏 노래를 부르는 새들이 부럽다고 했다.

제11·12연에서는 환영을 말했다. 돌아다니느라고 착란에 사로잡혀, 눈에 헛것이 천 개나 만 개가 겹쳐서 나타났다. 제11연에서는 빌딩에 집이 천 개나 있어도 자기네 집은 없다고 했다. 제12연에서는 군인 만 명이 자기네를 찾는다고 하면서 두려워했다.

이 시의 서술자는 자기 나라를 떠나 살길을 찾아야 하는 난민이지만, 생명의 위협에서는 벗어났다. "사랑하는 이"와 동행을 하고 있다. 당장 굶어죽게 된 것은 아니고, 수용소에 갇히지도 않았다. 이리저리 다니면서 갖가지 생각을 하는 자유는 누리고 있다. 난민치고는 사정이 덜 딱한 편이다.

평시의 정치적인 박해 때문에 생긴 난민도 있지만, 전쟁 난민이 더 많다. 위의 경우도 마지막 연에 군인들이 등장하므로 전쟁 난민이라고 할 수 있다. 전쟁이 격화되면 난민이 늘어나고 처지가 비참해진다. 대량 학살을 피해 아무 기약도 없이 죽음을 무릅쓰고 살 길을 찾아나서기도 한다.

전쟁이 나면 피난민이 생긴다. 피난민이 국경을 넘어가면 난민이 된다. 영어로는 둘 다 'refugee'이지만 우리말에서는 둘을 구별한다. 나라 안의 피난민은 가는 대로 가면 되지만, 국경을 넘어간 난민은 찾아간 나라에서 받아주는가 하는 것부터 문제이다. 입국 허가를 얻지 못하면 고통이 가중된다. 오도 가도 못하고 난민 수용소에서 기아에 시달리는 일이 흔하다. 전쟁 난민은 인류 역사의 가장 큰 비극이다.

전쟁 난민에 관한 시를 찾아보니, 우리말 시는 없다. 한국전쟁 때문에 고향을 떠난 사람들은 피난민이기만 하고 난민은 아니기 때문이다. 피난의 고난을 다룬 시는 있을 만한데 발견되지 않는다. 시를 지을 겨를이 없었기 때문이 아닌가 한다. 피난을 하고서 고향으로 돌아가지 못해 분단의 슬픔을 노래한 시는 많이 있다. 외국 피난 난민의 시는 누가 지었는가? 당사자들의 작품도 있겠으나 입수하지 못했다. 전쟁 난민의 처지를 알아 동정하고 분노하는 사람들의 시를 들기로 한다.

루찌Mario Luzi, 〈**난민 수용소**Le camp des réfugiés〉

La femme monte lentement et décroche
des haillons, sous le ciel qui menace,
étendus entre des poteaux. Le chien gémit,
donne corps aux ombres.

Ce sont des signes d'une journée orageuse
sur le dédale des terre-pleins et des excavations,
ce sont des hommes comme des hordes qui font halte
ou des marchandises retenues à la douane, accueillis
sous des tentes ou dans des masures, à demeure

ou de passage — spectacle jusqu'à la nuit
de migrations sans mouvement, sans
paix, que le juste, élu pour l'expiation,
debout contre le montant de la porte, contemple
entre deux pluies, entre deux chutes de neige.

Le vent apporte une rumeur d'eaux sourdes.
Que fais-tu ? que fais-tu ? Tu te perds dans ce mystère.
L'homme nouveau venu dans ces lieux hésite, ne sachant
quel chemin prendre, l'autre, pêcheur
d'anguilles ou de sable, passe outre,
troue avec assurance cette nappe humide
descendue sur le fleuve parmi les éclairs et la foudre.

여인은 위협을 주는 하늘을 향해
천천히 올라가더니,
말뚝에 펼쳐놓은 누더기를 꿰맨다.
개는 짖어대다가 어둠 속에 몸을 숨긴다.

이것은 평지이거나 굴속이거나 미궁 속으로
폭풍이 몰아치는 하루의 모습이다.
이 사람들은 길을 가지 못하는 유목민이나
세관에 억류된 상인과 같으며,
천막이나 오두막에 거주 또는 체류한다.
밤이 되어도 이주민은 움직임이 없고,
평화를 누리지도 못하는 모습을 보여준다.
의로운 사람은 속죄양처럼 선택되어,
문을 향해 올라가는 쪽을 향해 서서
비가 오든 눈이 오든 생각에 잠겼다.

바람이 소리 없이 흐르는 소문을 가져온다.
너는 어쩔래? 너는 어쩔래? 너는 어디론가 사라지리라.

새로운 사람은 이곳에 와서 당황해 하고,
어느 길로 가야 할지 모른다.
모래 뱀장어를 잡는 사람은 저쪽으로 지나면서
젖은 식탁보에 확신을 가지고 구멍을 뚫고,
번개치고 천둥치는 날 강가로 내려간다.

　루찌는 이탈리아 현대시인이다. 불문학 교수를 하면서 이런
시를 불어로 썼다. 난민 수용소에 갇힌 사람들의 삶이 어떤지
말하는 내용이다.
　제1연에서는 절망적으로 살아가는 모습을 기이한 풍경을 그
려 보여주었다. 제2연 서두에서 "이것은 평지이거나 굴속이거
나 미궁 속으로 폭풍이 몰아치는 하루의 모습이다"고 한 것은
일이 꼬여 하루를 보내기 힘들다고 둘러서 한 말이라고 생각된
다. 난민촌에 수용된 사람들 대부분은 움직임이 없어도 평화
를 누리지 못하고, 지도자여야 하는 사람은 진로 개척을 위해
고심한다고 그 다음 대목에서 말했다.
　제2연에서는 수용된 사람들이 다 같은 것은 아니라고 했다.
소문에 귀를 기울이면서 불안에 떠는 사람들도 있다고 했다.
어리둥절한 신참자도 있다고 했다. "모래 뱀장어를 잡는" 것같
이 약삭빠른 사람도 있어 뱀장어처럼 처신해 위기를 모면한다
고 빗대어 말했다.

앙즈 가브리엘Ange Gabriel, 〈난민Les réfugiés〉

Vois tous ces radeaux,
Flotés aux milieux des eaux,
Telles des ombres condamnées,
A vivre dans des contrées damnées,
Dans l'enfer de la guerre et de sa misère!
Vois toute cette souffrance,

Qui se lit au fond de leurs yeux,

Un endroit voué à la malchance,

Qui a rendu son peuple malheureux!

C'est cette vision qui me rempli de colère!

Voir aux infos tout ce monde quitter précipitement

Leur maison, pour fuir le bonbardement

De leurs villages,

Par des soldats sauvages,

Alléchés par l'acquisition de leurs terres!

Voire aussi, tous ces êtres qu'on enterre,

Les unes sur les autres, entassées,

Des personnes mutilées, déchiquetées,

Formant une monticule de chaires humaines!

La faute à ses maudites bombes antipersonnelles !

Bien cachées dans des routes malsaines,

Des routes semées par la terreur des mitrailleurs et la maladie,

Qui grâce à la famine, affaiblie voir extermine des vies.

Emportant sur son passage, les sujets les plus vulnérables,

Femmes, enfants et vieillards.

Leurs corps restent à la merci des charognards,

Attirés par leurs odeurs insoutenables!

Seuls, s'en sortiront les plus résistants,

A la recherche d'endroits plus accueillants,

Dans des pays vivant en paix et enseignant la tolérence,

Où leurs enfants pourront y jouer enfin, en toute innocence.

Et n'avoir plus la peur des soldats débarquant en pleine nuit,

Ou d'une bombe venant s'écraser dans leur lit!

Là-bas, dans les pays lointains,

Ils connaitront enfin des meilleurs lendemains!

보라, 이 모든 뗏목이

물위에 떠 있다.

저주받은 그림자들이

비참한 고장에서 살려고 한다.

184

참혹한 전쟁의 지옥에서!
보라, 이 모든 고통이
그들의 눈앞에 쌓여 있다.
불운을 지닌 고장이
사람들을 불행하게 한다!
이것이 나를 분노하게 하는 광경이다!
낌새를 알고 모든 사람이
폭격을 피하려고
자기네 집에서 황급히 떠나간다.
야만스러운 군대는
남들의 땅을 차지하려는 욕망에 사로잡혀,
누구든지 땅에 묻는다.
사람 위에 사람을 겹겹이 쌓는다.
토막나고, 잘게 찢긴 시체,
사람 살점이 산을 이룬다.
비인간적인 폭격을 당한 탓에,
오염된 길,
총격과 질병 공포가 퍼져 있는 길로 숨어들어,
굶주리고, 쇠약한 채 살육을 겪은 다음,
너무 쇠약한 환자들을 데리고,
여자들, 아이들, 노인들이
썩은 고기를 먹는 짐승들이 남겨둔 신체를 움직여,
참을 수 없는 냄새에 유인되면서,
가장 강인한 사람들만
가장 환영할 만한 곳을 찾아간다.
평화를 누리고 관용을 가르치는 곳으로,
어린아이들이 순진하게 놀 수 있는 곳으로.
군인들이 한밤중에 상륙하는 두려움이 없고,
폭탄이 침상까지 까부수지 않는 곳으로.
저기, 저 먼 나라로 가서,

더 좋은 내일이 있음을 알게 되리라.

앙즈 가브리엘은 천사 이름이다. 천사 같은 사람이라고 자처해 앙즈 가브리엘이라는 필명을 사용하면서 프랑스어로 시를 쓰는 시인이 전쟁으로 생기는 난민의 참상을 이렇게 노래했다. 최근에 벌어진 처참한 사태를 보고 충격을 받아 절규를 쏟아놓았다. 절망이 극도에 이른 난민이 평화를 누리고 관용을 베푸는 먼 나라에 가서 살 수 있기를 바란다고 했다. 이 희망이 차차 멀어지고 있는 것이 지금의 사태이다.

제13장
나라를 잃고

주신명(周新命), 〈조룡대 회고(釣龍臺懷古)〉

江上荒臺落日邊
不知龍去自何年
殿檐花滿眠鼺鼠
輦道苔深哭杜鵑
遺事有時談野老
斷碑無主臥寒煙
凄然四望春風路
縱是鶯聲亦可憐

강가 황량한 누대에서 해가 지는데,
알지 못해라, 용은 어느 해에 떠났는가.
전각 처마에는 꽃이 만발해 다람쥐가 잠들고,
연이 지나던 길에 이끼가 짙어 두견이 운다.
시골 노인네나 이따금 지난 일 이야기하고,
잘린 비석 주인 없어 차가운 안개 속에 누웠네.
사방 봄바람 부는 곳 처연한 느낌으로 바라보니,
들려오는 꾀꼬리 소리 또한 가련하구나.

　이 시를 쓴 사람은 유구(琉球) 시인이다. 이름을 어떻게 읽는
지 알지 못해 표기하지 못한다. 유구는 일본의 침공을 받고 국
권을 상실한 다음에도 대외적인 외교 관계는 유지하고 있어 청
나라에 사신으로 갔다가 이 시를 지었다. 중국 어느 곳에 남아
있는 나라가 망한 흔적을 지나가다가 보고 느낀 바를 전한다고
해서 일본의 감시를 피하면서, 자기 나라의 수난을 통분하게
여기는 마음을 처절하게 나타냈다.

　용이 떠났다는 것은 나라가 망했다는 뜻이다. 전투에서 승리
한 적장이 강에서 용을 낚았다고 하는 것으로 군주가 당한 수
난을 말하고 그곳을 조룡대라고 하는 전설이 백제의 옛 도읍인
부여에도 전한다. 망국의 자취가 사라지고 있어 알아보기 어
렵다고 하고, 그래도 지난날을 이야기하는 시골 노인네나 잘

린 비석이 있어 역사를 망각할 수 없다고 말했다. 시인이 할
수 있는 일은 더 없어 처연하고 가련하다고만 했다.

작자 미상, 〈신아리랑〉

무산자 누구냐 탄식 마라,
부귀와 빈천은 돌고 돈다.

감발을 하고서 주먹을 쥐고,
용감하게도 넘어 간다.

밭 잃고 집 잃은 동무들아.
어디로 가야만 좋을까보냐.

괴나리 봇짐을 짊어지고,
아리랑 고개로 넘어간다.

아버지 어머니 어서 오소.
북간도 벌판이 좋다더라.

쓰라린 가슴을 움켜쥐고,
백두산 고개로 넘어간다.

감발을 하고서 백두산 넘어,
북간도 벌판을 헤맨다.

　일제의 강점으로 나라를 빼앗기자 "밭 잃고 집 잃은" 사람들
이 고향을 떠나 유랑민이 되면서 이런 민요를 불렀다. "어디로
가야만 좋을까보냐"라고 말했듯이 갈 데가 없지만, "감발을 하

고서 주먹을 쥐고 용감하게" 떠난다고, "백두산 고개를 넘어"
"북간도"까지 간다고 했다. 시련 때문에 절망하지 않고 세상이
달라진다는 희망을 가지자고 "무산자 누구냐 탄식 마라, 부귀
와 빈천은 돌고 돈다"고 하는 말부터 했다.

이상화, 〈가장 비통한 기욕(祈慾)〉

아, 가도다, 가도다, 쫓겨가도다.
잊음 속에 있는 간도와 요동 벌로.
주린 목숨 움켜쥐고, 쫓겨가도다.
진흙을 밥으로 햇채를 마셔도,
마구나 가졌더면 단잠은 얽맬 것을...
사람을 만든 검아, 하루 일찍
차라리 죽은 목숨 뺏어가거라!

아, 사노라, 사노라, 취해 사노라.
자폭 속에 있는 서울과 시골로
멍든 목숨 행여 갈까, 취해 사노라.
어둔 밤 말 없는 돌을 안고서
피울음을 울더면 서러움은 풀릴 것을...
사람을 만든 검아, 하루 일찍
차라리 취한 목숨 죽여버려라!

한국 근대시인 이상화는 앞의 〈신아리랑〉에서 말한 것과 같
은 사태를 이렇게 노래했다. "간도이민(間島移民)을 보고"라는
부제를 붙여서 월간잡지 《개벽》(開闢) 1925년 1월호에 발표한
작품이다. 검열에 걸리지 않은 것이 기이하다고 할 수 있다.
   제1연에서 살길을 잃고 간도로 쫓겨가는 동포의 참상을 말
한 항변의 어조가 격렬하다. 시에서 사용하지 않던 말을 등장
시켜 현실 인식을 절실하게 했다. "햇채"는 시궁창이라는 말

이다. 제2연에서는 국내에서 방황하는 자기 심정을 토로했다. 두 연의 형식이나 구성을 거의 같게 해서 고통의 동질성을 분명하게 나타냈다.

수난을 고발하고 울분을 토로한 것이 투쟁의 출발점이다. 강경한 어조로 격분이 일어나게 하는 데 그치고 더 나아가지 못했다. "검"이라고 일컬은 신령에게 차라리 생명을 빼앗아가라고 하는 극단적인 언사를 마무리로 삼아야 했다. 죽음을 택할 수밖에 없는 것이 가장 비통한 소망이라고 했다.

이상화, 〈빼앗긴 들에도 봄은 오는가?〉

지금은 남의 땅... 빼앗긴 들에도 봄은 오는가 ?

나는 온몸에 햇살을 받고
푸른 하늘 푸른 들이 맞붙은 곳으로,
가르마 같은 논길을 따라 꿈속을 가듯 걸어만 간다.

입술을 다문 하늘아, 들아,
내 맘에는 내 혼자 온 것 같지를 않구나.
네가 끌었느냐, 누가 부르더냐? 답답워라 말을 해다오.

바람은 내 귀에 속삭이며,
한 자국도 섰지 마라 옷자락을 흔들고,
종다리는 울타리 너머 아씨 같이 구름 뒤에서 반갑다 웃네.

고맙게 잘 자란 보리밭아.
간밤 자정이 넘어 내리던 고운 비로,
너는 삼단 같은 머리를 감았구나, 내 머리조차 가뿐하다.

혼자라도 가쁘게나 가자.
마른 논을 안고 도는 착한 도랑이
젖먹이 달래는 노래를 하고, 제 혼자 어깨춤만 추고 가네.

나비 제비야 깝치지 마라.
맨드라미 들마꽃에도 인사를 해야지.
아주까리 기름을 바른 이가 지심 매던 그들이라 다 보고
싶다.

내 손에 호미를 쥐어다오.
살진 젖가슴과 같은 부드러운 이 흙을
발목이 시도록 밟아도 보고 좋은 땀조차 흘리고 싶다.

강가에 나온 아이와 같이,
짬도 모르고 끝도 없이 닫는 내 혼아.
무엇을 찾느냐, 어디로 가느냐? 우습다 답을 하려무나.

나는 온몸에 풋내를 띠고
푸른 웃음, 푸른 설움이 어우러진 사이로
다리를 절며 하루를 걷는다, 아마도 봄신령이 접혔나보다.

그러나 지금은... 들을 빼앗겨 봄조차 빼앗기겠네.

　한국 근대시인 이상화는 이렇게 탄식하는 시를 지었다. 시인
이 걷고 있는 들은 전과 다름없이 그대로 있다. 시인이 고향의
들을 떠나지 않았다. 일제가 국권을 찬탈해 나라를 지배하고
있어서 들을 빼앗겼다고 했다.
　들에 나가 땅을 밟으며 봄날 하루 걷는다고 하고, 농사지으
며 사는 사람들의 감격을 누리고, 땅을 빼앗긴 울분을 토로했
다. 중간 대목에서는 첫째 의미가 두드러지게 하고, 앞뒤를 둘

째 의미로 감쌌다. 기쁨이 절정에 이른 가운데의 제6연을 중심 축으로 삼아 제2·10연, 제3·9연, 제4·8연, 제5·7연이 포 개지도록 했다. 첫 줄에서는 빼앗긴 들에도 자연의 봄은 온다 고 하고, 마지막 줄에서는 땅을 빼앗겨 희망의 봄마저 빼앗기 겠다고 해서 봄이 또한 두 가지 의미를 지니게 했다.

형식과 내용이 절묘하게 합치된 이상적인 경지에 이르고도, 그 비결을 겉으로 드러내지 않아 자연스럽게 읽히면서 절실한 감동을 준다. 시를 가지런하고 아름답게 다듬으려고 되도록 목소리를 낮추고 단조로운 애조나 희롱하고 마는 태도가 합리 화될 수 없다는 것을 훌륭하게 입증했다. 시로써 현실 문제를 파헤쳐 부당한 억압에 맞서려면 말이 거칠어지고 짜임새가 산 만해지게 마련이라는 주장도 견디어내지 못하게 했다.

이용악, 〈두만강 너 우리의 강아〉

나는 죄인처럼 수그리고
너는 코끼리처럼 말이 없다
두만강 너 우리의 강아
너의 언덕을 달리는 찻간에
조고마한 자랑도 자유도 없이 앉았다

아무것도 바라볼 수 없다만
너의 가슴은 얼었으리라
그러나
나는 안다
다른 한 줄 너의 흐름이 쉬지 않고
바다로 가야 할 곳으로 흘러내리고 있음을

지금

차는 차대로 달리고
바람이 이리처럼 날뛰는 강 건너 벌판엔
나의 젊은 넋이
무엇인가 기다리는 듯 얼어붙은 듯 섰으니
욕된 운명은 밤 우에 밤을 마련할 뿐

잠들지 말라 우리의 강아
오늘 밤도
너의 가슴을 밟는 뭇 슬픔이 목마르고
얼음길은 거칠다 길은 멀다

길이 마음의 눈을 덮어줄
검은 날개는 없느냐
두만강 너 우리의 강아
북간도로 간다는 강원도치와 마주앉은
나는 울 줄을 몰라 외롭다

　이용악은 일본의 식민지 통치에 항거하는 시를 은밀하게 써서 무겁고 침통한 어조로 감동을 주었다. 고향을 상실하고 조국을 잃은 괴로움을 말하지 못하게 해도 말하고자 했다. 차를 타고 가지만 고난에서 벗어나지 못하고 시련이 더욱 거세지는 것을 확인한다. 나의 운명은 두만강에 전이되어 얼음 밑에 바다로 향하는 흐름이 있다고, 보이지는 않지만 믿음으로 말한다.

윤동주, 〈또 다른 고향〉

고향에 돌아온 날 밤에
내 백골이 따라와 한 방에 누웠다.

어둔 방은 우주로 통하고

194

하늘에선가 바람이 불어온다.

어둠 속에서 곱게 풍화작용하는
백골을 들여다보며
눈물짓는 것이 내가 우는 것이냐?
백골이 우는 것이냐?
아름다운 혼이 우는 것이냐?

지조 높은 개는
밤을 새워 어둠을 짖는다.
어둠을 짖는 개는
나를 쫓는 것일 게다.

가자 가자.
쫓기우는 사람처럼 가자.

백골 몰래
아름다운 또 다른 고향에 가자.

이 시에서는 '고향'을 말하기만 했지만 뜻하는 바를 '고국'과 관련시켜 이해해야 한다. 고향에 돌아왔다고 하면서 시작한 시가 마지막 대목에서 고향에 가자고 하는 데서 끝났다. 앞의 고향은 돌아가려면 돌아갈 수 있는 고향이고, 뒤의 고향은 이제부터 찾아 가야 할 아직 없는 고향이다. 하이네의 〈외지에서〉를 다룰 때 사용한 용어를 가져와 말하면, 앞의 고향은 '어머니 나라'를, 뒤의 고향은 '아버지 나라'를 뜻한다고 할 수 있다. '어머니 나라' 체험 공간인 자기 고향에는 돌아갈 수 있다는 것으로 헛된 위안을 삼지 말고, '아버지 나라'는 남에게 빼앗기고 없어 되찾아야 한다는 말을 암시적인 방법으로 나타냈다. 일제의 식민지 통치가 극악한 지경에 이르렀을 때 윤동주는 이 시를 써서 유고로 남겼다.

고향에 가고 다시 가야 한다는 주체는 "나"만이 아니고, "백골"이기도 하고 "아름다운 혼"이기도 하다. 제3연에서 그 셋을 나란히 들었다. "백골"은 "나"의 죽은 모습이고, "아름다운 혼"은 "나"의 새로운 가능성이다. "나"는 "백골"이기도 하면서 "아름다운 혼"을 지니기도 하는 이중성을 지녀 현실에서 이상으로 나아갔다. 이미 돌아간 고향은 백골이 따라와 한 방에 누운 곳이라고 말했다. 현실은 암담해 고향을 찾아도 아무 즐거움이 없고 죽음을 확인할 수밖에 없다고 했다. 어두운 방은 우주로 통하고, 어디선가 바람이 불어온다고 해서 탈출하는 길이 있다고 암시했다. 풍화작용을 하는 백골을 보고 우는 것이 누구인가 하고 물어 자아 각성의 가능성을 제시했다.

제4연에서 말한 "개"는 여러 겹의 의미를 지닌다. (가) 돌아간 고향에서 개가 짖는 것은 일상적인 일이다. (나) 개는 어둠을 보고 짖고 어둠을 거부한다. (다) 사람은 받아들이는 어둠을 거부하니 개는 지조가 높다. (라) 지조 높은 개가 현실의 어둠에 안주하지 못하게 일깨운다. 제5연에서 개에게 쫓기는 듯이 말하고, 현실적인 제약을 피해서 넘어서자고 했다. 제6연에서 "아름다운 또 다른 고향"이라고 한 곳은 어둠을 물리치고 광명을 찾는 경지이다. 주어진 현실에 안주하지 않고 투쟁해 되찾아야 할 해방된 조국이다. 제1연의 고향은 실제의 고향이고 현실이며, 제6연의 고향은 고향을 넘어선 고국, 되찾아야 할 고국이다.

엘뤼아르Paul Eluard, 〈죽음 사랑 인생La mort l'amour la vie〉

J'ai cru pouvoir briser la profondeur de l'immensité
Par mon chagrin tout nu sans contact sans écho
Je me suis étendu dans ma prison aux portes vierges
Comme un mort raisonnable qui a su mourir

Un mort non couronné sinon de son néant
Je me suis étendu sur les vagues absurdes
Du poison absorbé par amour de la cendre
La solitude m'a semblé plus vive que le sang

Je voulais désunir la vie
Je voulais partager la mort avec la mort
Rendre mon cœur au vide et le vide à la vie
Tout effacer qu'il n'y ait rien ni vitre ni buée
Ni rien devant ni rien derrière rien entier
J'avais éliminé le glaçon des mains jointes
J'avais éliminé l'hivernale ossature
Du voeu de vivre qui s'annule

Tu es venue le feu s'est alors ranimé
L'ombre a cédé le froid d'en bas s'est étoilé
Et la terre s'est recouverte
De ta chair claire et je me suis senti léger
Tu es venue la solitude était vaincue
J'avais un guide sur la terre je savais
Me diriger je me savais démesuré
J'avançais je gagnais de l'espace et du temps

J'allais vers toi j'allais sans fin vers la lumière
La vie avait un corps l'espoir tendait sa voile
Le sommeil ruisselait de rêves et la nuit
Promettait à l'aurore des regards confiants
Les rayons de tes bras entrouvraient le brouillard
Ta bouche était mouillée des premières rosées
Le repos ébloui remplaçait la fatigue
Et j'adorais l'amour comme à mes premiers jours.

Les champs sont labourés les usines rayonnent
Et le blé fait son nid dans une houle énorme

La moisson la vendange ont des témoins sans nombre
Rien n'est simple ni singulier
La mer est dans les yeux du ciel ou de la nuit
La forêt donne aux arbres la sécurité
Et les murs des maisons ont une peau commune
Et les routes toujours se croisent.

Les hommes sont faits pour s'entendre
Pour se comprendre pour s'aimer
Ont des enfants qui deviendront pères des hommes
Ont des enfants sans feu ni lieu
Qui réinventeront les hommes
Et la nature et leur patrie
Celle de tous les hommes
Celle de tous les temps.

아무리 깊은 장애라도 없애버릴 수 있다고 믿었다,
교섭도 메아리도 없이 노출되어 있는 피로움으로.
문을 아무도 연 적이 없는 감옥에 나는 누워 있었다.
죽게 된다는 것을 알고 당연히 죽어가는 사람인 듯이.
허무가 아닌 다른 무엇도 갖추지 못한 시신이 되어,
나는 무언지 알 수 없는 물결 위에 누워 있었다.
타다 남은 재를 사랑하다가 들이마시고 만 독약,
흘러내리는 피보다 그 고독이 더욱 생생한 것 같았다.

나는 인생이 이어지기를 바랐다.
나는 죽음을 함께 맞이하기를 바랐다.
내 마음이 공백이고, 공백이 내 마음이기를 바랐다.
아무것도 없게, 유리창도 수증기조차도,
앞에든 뒤에든 장벽이라고는 모두 없애려고 했다.
나는 얼어 있는 손을 마주잡아 녹이고,
겨울이 되어 움츠러든 뼈를 바로잡아

198

거부했던 삶을 되살리겠다고 맹세했다.

네가 와서 마침내 불이 다시 붙는다.
어둠이 가져온 추위에도 별이 촘촘하다.
너의 투명한 육체가 대지를 뒤덮자,
내 몸이 가벼워진다고 느낀다.
네가 오니 고독이 정복되었다.
내가 알고 있던 땅인데도 길잡이를 만나니
길을 잃었다는 사실을 알아차렸다.
시간과 공간을 늘이면서 앞으로 나아간다.

나는 너를 향해, 빛을 향해 끝없이 나아갔다.
인생이 육신을 갖추고, 희망이 돛을 폈다.
잠이 꿈에서 흘러나오고, 밤은 새벽에게
신뢰하는 시선을 보내겠다고 약속했다.
너의 팔에서 나오는 빛이 안개를 헤치고,
너의 입이 최초의 이슬에 젖었다.
피로는 물러나고 휴식이 황홀했다고 느낀다.
나는 처음인 듯이 사랑을 찬양했다.

들판이 경작되고, 공장은 빛이 난다.
밀이 자리를 잡고 거대하게 넘실거린다.
포도 수확을 바라보는 사람은 아주 많다.
단순하거나 별난 것이라고는 없다.
바다가 하늘이나 밤의 시야 속에 있고,
숲이 나무를 안전하게 해주고,
여러 집의 담장이 공동의 살갗을 이루고,
길은 모두 서로 얽혀 만난다.

사람들은 서로 화합하라고 태어났다.

서로 이해하고 서로 사랑하라고.
등불도 거처도 없는 아이들이
자라서 다른 아이들의 부모가 된다.
그래서 사람들을 다시 만든다.
자연을 만들고 조국을 만든다.
모든 사람의 조국을 만든다.
모든 시대의 조국을 만든다.

　프랑스 현대시인 엘뤼아르의 시이다. 말을 길게 하면서 고난을 극복하는 낙관주의를 제시했다. 협동의 가치를 높이 평가하는 사회의식을 구현했다.

　제1연에서는 "나"만의 고독과 괴로움을 말했다. 처음 두 줄에서 죄수의 탈출을 생각하게 하는 말을 했다. 고립무원의 괴로움이 너무 심해, 아무리 깊은 물로 둘러쳐 가두어 놓아도 장벽을 없애버리고 탈출을 감행해야 하는 운명이라고 믿었다는 말이다. 그 다음 두 줄에서는 탈출할 수 없는 곳에 감금되어 죽는 것이 당연하다고 했다. 원문에는 "cendre"(재)만 있는데, "타다 남은 재"라고 말을 보탰다. 이루어질 수 없는 일에 애착을 가졌다는 말이라고 생각된다. 다음 줄에도 말을 보탰다.

　제2연에서는 다른 누구와 만나기를 바랐다. 인생을 합치고, 죽음을 공유하겠다고 하면서, 마음을 비우고 자학에서 벗어나는 준비를 갖추었다. "나는 얼어 있는 손을 마주 잡아 녹이고, 겨울이 되어 움츠러든 뼈를 바로잡아"에서 생기를 되찾는 모습을 보여주었다.

　제3연에서는 마침내 "너"가 나타났다. "네가 와서 마침내 불이 다시 붙는다"는 말로 희망 사항을 앞질러 말하고, 거기까지 이르는 변화의 단계를 들었다. "어둠이 가져온 추위에도 별이 촘촘하다"고 한 것은 추워서 생긴 서리의 결정체에서도 빛을 찾는다는 말이다. 제3연에서 보면 "너"는 사람의 모습을 드러내지 않은 빛이다. 내가 알고 있던 땅이지만 빛을 만나 잃어버린 길을 찾고 시간과 공간을 벌어들여 낭비 없이 활용하면서 앞으로 나아간다고 했다.

제4연에서는 "너"가 모습을 드러내 만남이 실제로 이루어진 다고 했다. 어둠 속에서 빛을 동경하던 단계를 지나 마침내 날 이 밝아오고, "너"가 팔과 입을 갖춘 육신을 드러내 사랑이 이 루어진다고 했다. 그 동안의 고난이 황홀한 휴식이 되고, "처 음인 듯이 사랑을 찬양했다"고 하면서 재출발했다. 시 제목에 두 번째 순서로 들어가 있는 말 "사랑"이 절망을 희망으로 바 꾸어놓는 마력을 지닌다.

제5연에서는 "나"와 "너"를 합친 "우리"가 살아가는 모습을 말했다. 생산 활동이 활발하게 이루어져 사람들이 서로 얽혀 "바다가 하늘이나 밤의 시야 속에 있"는 것과 같다고 했다. 서 로 얽혀 공동체를 이룬다고 했다. "숲이 나무를 안전하게 해주 고, 여러 집의 담장이 공동의 살갗을 이루고, 길은 모두 서로 얽혀 만난다"고 해서, 개별적인 존재의 불안을 공동의 유대로 극복하는 것이 만물의 이치임을 거듭 확인했다.

제6연에서는 사람들이 화합해 공동체를 형성하고 확대해 역 사가 이루어지고 조국을 스스로 만든다고 했다. 조국을 상실 했다고 괴로워할 필요가 없다. 다시 만들면 된다. 배타적인 시 공에 한정되어 있는 조국이 아닌, 온 인류의 조국, 모든 시대 의 조국을 만들어야 한다. 이렇게 말하는 데 이르러서 제1연에 서 말한 "나"만의 고독과 괴로움을 "너"를 만나 "우리"가 되어 단계적으로 극복하는 작업이 완성되었다.

센고르Léopold Senghor, 〈탕자의 귀가Le retour de l'enfant prodigue〉

Éléphant de Mbissel, par tes oreilles absentes aux yeux,
    ententent mes Ancêtres ma prière pieuse.
Soyez bénis, mes Pères, soyez bénis!

Les marchands et banquiers, seigneurs de l'or et des banlieues
où pousse la forêt des cheminées,

... Ils ont acheté leur nobless et les entailles de leur mère
étaient noires.

Les marchands et banquiers m'ont proscrit de la Nation.

Sur l'honneur de mes armes, ils ont graver "Mercenaire."

Et ils savaient que je ne demandais nulle solde; seulment les
dix sous

Pour bercer la fumée mon rêve, et le lait à laver mon
amertume bleue.

Aux champs de la défaite si j'ai replanté ma fidélité, c'est que
Dieu de sa main de plomb avait frappé la France.

Soyez bénis, mes Pères, soyez bénis!

Vous qui avez permis mépris et moquries, les offences polies,
les allusions discrètes,

Et interdictions et les ségrégations.

Et puis vous avez arraché de ce coeur trop aimant les liens qui
l'unissaient au pouls de monde.

Soyez bénis, qui n'avez pas permis que la haine gravelât ce
coeur d'homme.

Vous savez que j'ai lié avec les princes proscrits de l'esprit,
avec les princes de la formes,

Que j'ai mangé le pain qui donne faim de l'innombrable
armée des travailleurs et des sans−travail,

Que j'ai rêvé d'un monde de soleil dans la fraternité de mes
frères aux yeux bleus.

므비셀의 코끼리야, 눈은 없는 너의 귀로 나의 조상님들
이 내가 하는 경건한 기도를 듣는다.

축복 받으소서, 조상님들, 축복 받으소서!

상인들, 은행가들, 황금의 주인이고 굴뚝 숲이 솟은
근교의 주인인 자들

...그자들이 고귀한 신분을 샀어도 어머니의 뱃속은

시커멓다.

상인들과 은행가들이 내게서 국가를 박탈했다.

내가 지닌 명예로운 무기에다, 그자들은 '용병'이라고
　새겼다.

그리고 그자들은 알고 있다, 나는 더 보수를 요구하지
　않고 다만 동전 열 푼만으로

내 꿈의 안개를 흔들어주고, 푸른 멍이 든 고통을 씻을
　우유로 삼을 것을.

패배하는 전장에서 내가 충성을 바꾼 것은 하느님이
　납덩어리 손으로 프랑스를 후려쳤기 때문이다.

축복받으소서, 조상님들, 축복받으소서!

당신들은 허용하셨습니다, 멸시와 조롱, 세련된 모욕,
　은근한 비꼼, 그리고 금지와 차별을.

그리고 당신들은 사랑이 너무 많은 이 가슴과 세상의
　맥박을 이어주는 끈을 끊으셨습니다.

축복받으소서, 인간의 가슴에 증오의 자갈을 까는 것을
　허용하신 분들이시여.

당신들은 알고 계십니다, 정신을 상실한 지배자들,
　형식에 매인 지배자와 내가 연결된 것을.

수많은 실업자와 무직자 군단을 배고프게 하는 빵을
　내가 먹은 것을.

내가 푸른 눈을 가진 형제들과 우정을 가지고 해가
　비추는 세계를 꿈꾼 것을.

　센고르는 아프리카 세네갈의 시인이다. 기독교 성경에 나오
는 〈탕자의 귀가〉를 세목으로 삼아, 고국으로 돌아가 조상들
을 만나고 싶다는 소망을 나타냈다. 서두의 "므비셀"은 세네갈
의 지명이고, 왕국의 수도였던 곳이다. "므비셀의 코끼리"는
왕국을 창건한 통치자를 칭송해서 부르던 말이었으며, 지금은
보호종으로 남아 있다. 눈이 보이지 않을 정도로 큰 코끼리 귀

로 조상들이 하는 말을 들어달라고 했다. 처음 한 구절에 이런 의미를 누적시켜, 역사, 국토, 동물, 조상과 만나고자 돌아가고 싶다고 했다.

조상이 축복받으라고 하고, 같은 말을 여러 번 되풀이했다. 조상이 훌륭하다는 것은 아니다. 조상들은 식민지 통치를 받아들이고 모욕을 허용했으며, 후손인 자기도 불행하게 해서 세상의 맥박과 단절되고, 가슴에 증오의 자갈을 깔도록 했다. 그래도 조상을 원망하지 않고 축복받으라고 했다. 조상과 만나 경배하고 칭송하는 것 자체가 귀향의 요체이다. 고향은 조상과 만나는 곳이라고 했다. 그런 생각을 이 작품에서 한층 적극적으로 나타냈다. 조상이 모욕당하고 살아온 가련한 분들이어서 더욱 애착을 가졌다.

자기는 떠나 있는 동인 조상과 나른 길을 간 것은 아니다. 조상이 고향에서 당한 박해를 더 심하게 겪은 것이 떠나 있는 동안의 행적이다. 박해자가 누구이며, 박해의 내용이 무엇인지 말했다. 상인, 은행가, 황금의 주인, 공장 소유자가 박해자이다. 그자들도 어머니 뱃속은 시커면 같은 사람이면서, 고귀하다고 뽐내는 식민지 통치자가 되어 국가를 박탈하고 자기를 용병으로 삼아 무기를 쥐어주었다고 했다.

그래도 항쟁을 하지는 못하고 따르기만 했다고 말했다. 하느님이 프랑스군이 패전하게 할 때에는 충성하지 않았다고 한 데 그쳤다. 보수를 요구하지도 않고 값싼 위안에 만족했다고 하면서 더 큰 잘못을 고백했다. 식민지 통치자와 연관을 가지고, 빵을 먹은 것은 어쩔 수 없는 일이라고 해도, 푸른 눈을 가진 백인 형제들과 유대를 가지고 해가 비추는 세계에서 맞이할 해방을 염원한 것은 스스로 선택한 과오이다.

자기는 부끄러운 과거의 잘못된 행적을 청산하고 집으로 돌아가 조상을 만나는 탕자의 귀가를 하겠다고 다짐했다. 그러나 아직 돌아간 것은 아니다. 과거를 청산하지 못하고 머뭇거리면서 귀가를 염원하고 있을 따름이다. 아버지와 만나 감격하는 극적인 결말과는 거리가 멀다. 기독교 성서에서 가져온 말을 사용한 것도 실제로 귀가하지 않고 생각이나 하는 단계에 머무르고 있는 증거라고 할 수 있다. 탕자 귀가와 비슷한 것이 불경에도 있다. 자기 나라 세네갈에 전하는 아프리카의 전승에서 더욱 설득력 있는 이야기를 찾으면 귀가가 더욱 진전되었을 것이다. "므비셀의 코끼리"를 들먹이기만 한 것으로는 많이 모자란다.

이 작품을 쓴 시인 셍고르는 '네그리튀드'(négritude)라고 표방하는 이런 시를 프랑스어로 써서 널리 알려졌다. '네그리튀드'란 '흑인다움'이라는 뜻이다. 흑인다움을 예찬하고 흑인다운 수법을 사용하는 시를 지으면서 백인의 언어인 프랑스어를 뛰어나게 구사해 프랑스에서 높이 평가되고 우대받은 것은 귀가가 아니다. 그 명성 덕분에 세네갈이 독립할 때 대통령이 되어 프랑스를 계속 우러러보게 했다.

세제르Aimé Césaire, 〈고국 귀환 노트Cahier d'un retour au pays natal〉

Je retrouverais le secret des grandes communications et des
　　　grandes combustions. Je dirais orage. Je dirais fleuve.
　　　Je dirais tornade. Je dirais feuille. Je dirais arbre. Je
　　　serais mouillée de toutes les pluies, humecté de toutes les rosées.
Je roulerais comme du sang frénétique sur le courantlent de l'oeil
　　　des mots en chevaux fous en enfants frais en caillots
　　　en couvre-feu en vestiges de temple enpierres
　　　précieuses assez loin pour décourager les mineurs.
　　　Qui ne me comprendrait pas necomprendrait pas
　　　davantage le rugissement du tigre.

Et vous fantômes montez bleus de chimie d'une forêt de bêtes
　　　traquées de machinestordues d'un jujubier de chairs

pourries d'un panier d'huîtres d'yeux d'un lacis de lanières
découpées dans le beau sisal d'une peau d'homme
j'aurais des mots assez vastes pour vous contenir et toi terre
tendue terre saoule
terre grand sexe levé vers le soleil
terre grand délire de la mentule de Dieu
terre sauvage montée des resserres de la mer avec dans la
bouche une touffe de cécropies
terre dont je ne puis comparer la face houleuse qu'à la forêt
vierge et folle que je souhaiterais pouvoir en guise de
visage montrer aux yeux indéchiffreurs des hommes
Il me suffirait d'une gorgée de ton lait jiculi pour qu'en toi je
découvre toujours àmême distance de mirage — mille
fois plus natale et dorée d'un soleil que n'entame
nulprisme —la terre où tout est libre et fraternel, ma terre.

Partir. Mon coeur bruissait de générosités emphatiques.
Partir... j'arriverais lisse et jeune dans ce pays mien
et je dirais à ce pays dont le limon entre dans la
composition dema chair: "J'ai longtemps erré et je
reviens vers la hideur désertée de vos plaies".
Je viendrais à ce pays mien et je lui dirais: "Embrassez—moi
sans crainte... Et si je nesais que parler, c'est pour
vous que je parlerai".

나는 다시 거대하게 소통하고 거대하게 불타오르는 비
밀을 되찾으리라. 풍우를 말하리라. 강을 말하리
라. 돌풍을 말하리라. 잎을 말하리라. 나무를 말
하리라. 비를 온통 맞고, 이슬에 온통 젖으리라.
나는 어휘들이 열어주는 시야를 따라 완만하게 흐르는 뜨
거운 혈액이 되어, 미친 야생마이기도 하고, 순진
한 아기이기도하고, 멍울이기도 하고, 야간통금
이기도 하다. 광부들을 실망시키기에 충분한 만

금 멀리 있는 사원 유적의 귀중한 석재이기도 하
다. 나를 이해하지 못하는 이들은 호랑이의 울부짖
음을 이해하지 못하리라.

너희들 망령은 파랗게 질려 있다. 숲을 이루는 화학제품
탓에, 사냥감으로 몰린 짐승들 탓에, 비틀린 기계
탓에, 살이 썩은 과일 나무 탓에, 그물눈 굴 바구
니 탓에, 사람의 피부처럼 아름다운 식물 섬유를
찢어 만든 끈 탓에.
나는 말을 넉넉하게 해서 너희들을 포용하리라. 또한 포
용하리라, 광대한 대지, 포식한 대지를,
태양을 향한 섹스인 광대한 대지를,
신의 성기가 열광하는 광대한 대지를,
입에 가득한 열대식물 뭉치와 함께, 바다의 저장고까지
올라간 야생의 대지를.
거친 표면이, 알아차리지 못하는 이들 눈에 얼굴 대신 보
여주고 싶은, 순결하고 열기 띤 숲에나 견줄 만한
대지를.
너의 선약한 모금이면, 나는 언제나 너에게서, 어떤 프리
즘에서 비롯한 것보다 천 배나 다정하고 빛나는
기적을 같은 거리에서 찾아낸다. 모든 것이 자유
롭고, 다정한 나의 대지를.

떠나리라. 내 가슴에 넓고 너그러운 울림이 메아리친다.
떠나리라… 나는 생기 있고 젊은 모습으로 내 나
라에 이르리라. 이 나라의 진흙이 내 살을 만들었
다고 말하리라. "나는 오랫동안 헤매다가 당신
이 지닌 흉측한 상처를 향해 되돌아 왔나이다."
나는 내 나라에 되돌아와 이렇게 말한다. "나를 두려워
말고 껴안아주세요… 나는 말하는 것밖에 할 수 있는

일이 없지만, 당신을 위해서 말을 하겠나이다."

　세제르는 서인도제도 출신의 흑인 시인이다. 프랑스에서 프랑스어로 시를 써서 발표하면서 흑인 각성 운동을 선도해 큰 반응을 얻었다. 이것은 60쪽이나 되는 장시여서, 한 대목만 들었다.

　조국 귀환은 백인의 지배에서 벗어나 거대한 규모의 정신적 각성을 얻는 것을 의미한다. 자기가 나서 자란 곳만 내세우지 않고, 제3세계 어디서나 오욕의 역사를 청산하고 주체성을 회복하자고 역설한 것으로 받아들일 수 있는 말을 해서 널리 공감을 얻는다. 그 진통과 감격을 다채로운 발상과 기발한 표현을 갖추어 나타냈다. "호랑이의 울부짖음"을 토로했다.

　연이나 행 구분이 분명하지 않은 자유로운 형식으로 시상을 펼쳤다. 이따금 사전에 없는 말을 사용해 어휘 설명이 인터넷에 올라 있다("Lexique du *Cahier d'un retour au pays natal* D'Aimé Césaire", Michael Balmont). 백인의 언어를 이용한 흑인의 반격이 지나친 탓인지, 어구가 너무 꼬여 난해하게 되었다. 너무나도 이질적인 것들을 연결시켜 놓아 무엇을 말하는지 이해하기 어려운 대목이 이어진다. 적절하게 의역해 맥락을 잡을 수 있게 하려고 애쓰고 필요한 설명을 붙인다.

　"어휘들이 열어주는 시야를 따라 완만하게 흐르는 뜨거운 혈액이 되어, 미친 야생마이기도 하고, 순진한 아기이기도 하고, 멍울이기도 하고, 야간통금이기도 하다"는 것은 조국 귀환의 감격이 시흥을 고조시켜 언어의 흐름을 뜨거운 마음으로 따라가면서, 열거한 모든 것들과 자기를 동일시한다는 말이라고 생각된다. "광부들을 실망시키기에 충분한 만큼 멀리 있는 사원 유적의 귀중한 석재이기도 하다"는 "사원 유적의 귀중한 석재"와 자기를 동일시한다는 것이다. "귀중한 석재"가 돌 캐는 "광부들이" 탐낼 만하지만 너무 멀리 있어 실망스럽다고 했다. 시인을 "광부"라고 하고, 너무 멀리 있어 예사 시인들은 찾아내지 못하는 아름다운 말을 조국 귀환의 감격으로 시를 짓는 자기는 자기 것으로 한다고 한 것 같다.

"너희들 망령"은 백인 제국주의자들을 말하는 것 같다. 이제 멸망할 때가 되어 "파랗게 질려 있다"고 하고, "… 탓"이라는 말을 붙여 멸망의 징후를 열거하면서 문명비판을 했다. 화학 제품을 함부로 양산하고, 야생동물을 닥치는 대로 사냥하고, 기계를 너무 돌려 비틀리게 하고, 식물 육종이 지나쳐 썩게 만들고, 해산물을 마구 남용하고, 섬유를 함부로 뽑아내 식물이 살지 못하게 한다고 했다. 자연을 거역하고, 생명을 유린하는 갖가지 폭거를 고발했다.

"광대한 대지, 포식한 대지를" 이하에 말한 "대지"는 돌아가 재발견한 고국이다. 타락한 문명과는 반대로, 생명이 넘치고 활력이 살아 있는 자연이다. 그런데 그 다음 대목에서는 "나는 오랫동안 헤매다가 당신이 지닌 흉측한 상처를 향해 되돌아 왔나이다"라고 했다. 자연은 살아 있어도 역사는 오욕으로 찌들어졌다는 말이다. 조국이 어머니처럼 자기를 껴안아달라고 하고, "나는 말하는 것밖에 할 수 있는 일이 없지만, 당신을 위해서 말을 하겠나이다"라고 했다. 자기는 시인이어서 말하는 것밖에 할 수 있는 일이 없다고 했다. "당신"이라고 일컬은 조국을 위해 할 수 있는 말을 하는 것이 시인의 임무라고 했다.

무자히드Aboo Mudjaahid, 〈붉은 대지Terre rouge〉

Sous un soleil de plomb
Écrasée malgré l'ombrage
D'arbres maigres et longs
Qui ont oublié tout orage
Elle porte mille tribus
Millions d'individus
Imbibée de tribulations
Et d'innocentes jubilations

Une terre à la couleur du sang
Autant que celle de ces cœurs
Qui ont le sourire si franc
Si loin des faciès moqueurs
Réponse à ce ciel si bleu
Impraticable lorsqu'il pleut
À l'odeur si pure
Parfum qui nous capture
Elle a supporté son passé
Tous ses enfants jouant
Nu-pieds courant
Pour voir leurs traces effacées
Elle portera son futur
Nos blessures inclues
Nos liens et ruptures
Nos cris et maux reclus
Nos joies et fiertés
J'espère ma descendance
Lumière de mon existence
La lune et sa clarté.

격렬한 태양 아래서
그늘마저도 짓눌리며,
야위고 기다란 나무들은
폭풍우의 시련 모두 잊었나.
대지가 천여 개의 부족,
수백만 사람들을 돌본다.
갖가지 괴로움과 함께
죄 없는 기쁨을 지니고,
핏빛으로 붉은 대지는
순진하게 웃음 짓는
나의 이 마음만큼이나
비웃는 무리를 멀리 하고,

저 푸른 하늘에 응답한다.
비가 올 때면
가까이 가지도 못하던
순수한 향기가 우리를 사로잡는다.
대지가 과거를 가져다주지만,
모든 아이는 놀면서,
맨발로 달리면서,
지난날의 흔적을 지우고
미래를 가져오리라.
우리의 상처는
속박과 파멸을 함유하고,
우리의 절규와 죄악은
환희와 긍지를 격려했다.
나는 바란다, 가계 계승을,
광명을, 나의 생존을,
달과 달빛을.

　　세네갈의 젊은 시인이 귀향의 기쁨을 말하는 시를 이렇게 지었다. 침략자의 언어인 프랑스어를 높은 수준으로 구사해 해방의 노래를 불렀다. 말이 짧게 끝나고, 연결이 불분명하고, 문장부호가 없어, 이해 가능한 번역을 하려고 하니 어려움이 많았다. 원문에서 멀어지는 것을 어느 정도 각오하고 말을 보태고, 문장부호를 사용해 접근이 가능하게 하려고 했다.

　　"ont oublié tout orage"는 "모든 폭풍우를 잊었다"는 말인데, 폭풍우가 시련을 뜻하는 것으로 이해하고, "폭풍우의 시련 모두 잊었나"라고 옮겼다. "야위고 기다란 나무들은" 폭풍우의 시련을 무수히 겪고도 이겨내 마치 없었던 것처럼 잊었으니 장하다고 칭송한 것으로 보았다. 되풀이되어 나오는 "elle"이라는 3인칭 여성대명사는 바로 위의 어느 말이 아닌, 제목에 있는 "terre"를 받는다고 보고 "대지"라고 옮겼다.

　　마지막 일곱 줄에 무엇을 말하고자 했는지 정리되어 있다.

"우리의 상처는 속박과 파멸을 내포하고, 우리의 절규와 죄악은 환희와 긍지를 격려했다"에서 실향을 강요당하던 시기의 수난을 말했다. "나는 바란다, 가계 계승을, 광명을, 나의 생존을, 달과 달빛을"에서 귀향을 성취해 얻고자 하는 기쁨을 나타냈다.

수난이 기쁨으로 전환될 수 있게 하는 것이 "핏빛으로 붉은 대지"이다. "야위고 기다란 나무들은 폭풍우의 시련을 모두 잊었나. 대지가 천여 개의 부족, 수백만 사람들을 돌본다"는 것이 다시 찾은 조국의 대지, 대대로 이어온 삶의 터전, 그 장대한 모습이다. 말은 짧게 하면서 붉은 대지를 멀리까지 바라볼 수 있는 시야를 크게 열고자 했다.

대지가 시인인 자기와 함께 "비웃는 무리를 멀리 하고, 저 푸른 하늘에 응답한다"고 한 것이 희망을 찾는 근거이다. "비가 올 때면 가까이 가지도 못하던 순수한 향기가 우리를 사로잡는다"고 한 데서 수난에서 벗어나 새로운 삶을 이룩할 수 있는 가능성을 말했다. 억압에다 보태 정신적인 모욕까지 하는 "비웃는 무리"에게 시달리고, 혼미를 가져온 시련인 "비" 때문에 향기를 잃어버렸다는 것으로 그동안 얼마나 힘들게 살아왔는지 말했다.

무슨 일이든지 대지에 맡겨두면 되는 것은 아니다. 대지는 지난날과 오늘날을 이어주는 데 그치고, 아이들이 즐겁게 놀면서 "지난날의 흔적을 지우고 미래를 가져오리라"고 기대했다. "광명"을 실현하고, "생존"을 보장하는 "가계 계승"은 역사의 연속이기만 하지 않고, 수난 시대 이전의 전통을 발견하고 계승하는 행위이다. 그것은 "달과 달빛"을 기대하는 것 같은 희망이다. 미래의 주역인 "아이들이" 실현해줄 수 있으리라고 믿고 엄청난 희망을 말했다.

제14장
조국 찬가

작자 미상, 〈한반도야〉

산천이 수려한 나의 한반도야.
물은 맑고 산이 웅장한데,
너를 향한 충성 더욱 높아진다.
한반도야.

아름답고 귀한 나의 한반도야.
너는 나의 사랑하는 바니,
나의 피를 뿌려 너를 빛내고자,
한반도야.

《대한매일신보》 1909년 8월 18일자에 실린 작품이다. 모두
여섯 절인데, 마지막 두 절을 든다. 일본이 국권을 침탈해 식
민지가 되기 한 해 전 마지막 시기에 조국을 사랑하고 애국심
을 고취한 노래이다. 아름다운 국토 사랑에다 모든 것을 걸고
피를 뿌리겠다고 했다. 일본이 검열을 실시하고 있어 거슬리
지 않을 말을 조용하게 하면서 단호한 결의를 나타냈다.

이 노래에서 국호 대신 "한반도"라는 말을 쓴 것을 주목하면서
무슨 이유인지 생각해보자. 조선왕조를 대한제국이라고 개칭한
새로운 국호가 널리 정착되지 않았기 때문일 수 있다. 주권을 거
의 상실해서 국호를 사용하기 어려웠을 수 있다. 조선이나 대한
보다 한반도라는 애칭이 훨씬 친근감을 주는 것이 적극적인 이
유였다고 생각한다.

한반도라는 애칭은 일제 강점기 동안에도 애용되고, 오늘날
남북한을 함께 일컫는 긴요한 구실을 한다. 이 노래는 남북이
이념 대립을 넘어서서 함께 애창할 만하다. 남북이 함께 한반
도 깃발을 흔들면서 부르는 공동의 애국가로 이 노래를 되살리
면 좋겠다. 통일후의 국가로 삼는 것도 검토할 필요가 있다.

반 보이 찌우(潘佩珠), 〈애국가(愛國歌)〉

噫噫
水兮我先之血
山兮我先之肉
我先膏脂灌全南
一朝使飽豺狼腹
故國輿圖異國旗
異國之榮我之辱
辱我河山痛我先
此恨海號山亦哭
吁嗟國魂歸來乎
萬衆齊聲唱光復
光復光復大光復
萬人同一心
法賊何足剝
愛國歌歌一曲
凡我同胞朂哉朂

아아,
물이여, 우리 선조의 피인가,
산이여, 우리 선조의 살인가.
우리 선조의 기름 월남 전역에 흐르는가.
하루아침에 이리떼의 배를 부르게 했다.
고국 강토에 이국 깃발
이국의 영광이 우리의 치욕,
우리 산하도 치욕이고, 우리 선조 통분한다.
이 한탄으로 바다가 소리치고 산도 통곡한다.
아아, 국혼이여 돌아오라.
만백성이 한 목소리로 광복을 외친다.
광복 광복 대광복이여
만인이 같은 마음이면,

법국 도적이 어찌 해칠 수 있겠나.
애국가 한 곡조 부르며
우리 동포 모두 힘내자, 힘내자.

이 사람은 월남의 애국 투사이다. 프랑스의 식민지 통치에서
항거하면서 일생을 보내면서 많은 저술을 했다. 《월남망국사》
(越南亡國史)가 우리말로 번역되어 많이 읽혔다. 프랑스 식민
지 통치에 항거해 독립을 쟁취하려고 하면서 1910년에 지은
〈애국가〉 후반부이다.

'고국', '국혼', '애국'이라는 말을 쓰면서, '국'은 선조에게서
물려받은 나라이고 산천과 일체를 이룬다고 했다. 선조가 피
땀 흘려 산천을 돌보고 삶의 터전을 가꾼 자기 나라 월남이 하
루아침에 이리떼 같은 침략자의 배를 불리는 먹이가 되었다고
개탄했다. 침략자를 이국이라고 하다가 법국이라고 했다. 법
국은 프랑스를 일컫는 한자 명칭이다.

데로지오Henry Derozio, 〈인도, 나의 조국이여To India My Native Land〉

My country! In thy days of glory past
A beauteous halo circled round thy brow
and worshipped as a deity thou wast—
Where is thy glory, where the reverence now?
Thy eagle pinion is chained down at last,
And grovelling in the lowly dust art thou,
Thy minstrel hath no wreath to weave for thee
Save the sad story of thy misery!
Well—let me dive into the depths of time
And bring from out the ages, that have rolled
A few small fragments of these wrecks sublime
Which human eye may never more behold

And let the guerdon of my labour be,
My fallen country! One kind wish for thee!

나의 조국이여! 영광을 누리던 지난날
당신은 이마에 황홀한 광채를 두르고,
신으로 받들어 섬기는 예배를 받으시더니,
그 영광, 그 존경이 지금은 어디로 갔나요?
독수리의 날개가 마침내 쇠사슬에 묶이고,
저열한 먼지 구덩이에서 굴욕을 겪다니요.
당신께 시인이 짜서 바칠 꽃다발이라고는
비참하다고 말하는 슬픈 이야기뿐이군요!
그래도, 시간의 심연에 뛰어들게 해주세요.
난파하고 남은 숭고의 작은 잔해들이라도
지나간 시절을 헤치고 건져 올리렵니다.
누구도 보지 못한 그 보물들을 가져와서
제가 수고하는 보람이 있도록 하는 것이
넘어진 조국이여! 당신을 위한 소망입니다.

　데로지오는 인도 근대시인이다. 아버지는 인도인과 포르투
갈인의 혼혈이고 어머니는 영국인이어서 인도인의 혈통을 조
금만 지녔으나, 인도 콜카타에서 태어나고 자라면서 자기는
인도인이라고 생각하고 인도를 위해 헌신하고자 했다. 17세에
대학 강사가 되었다가, 콜레라에 걸려 22세에 세상을 떠났다.
짧은 생애 동안 인도인의 의식 각성을 촉구하는 근대문학을 영
어를 이용해 이룩하는 선구자 노릇을 해서 높이 평가된다.
　이 시는 소네트 형식이어서, 구분해 적지 않았어도 4
·4·3·3행으로 구성된 네 연이 있다. 제1연에서는 인도가
누리던 영광을 그리워했다. 제2연에서는 인도가 지금 겪고 있
는 참상을 애통해하는 시인의 마음을 나타냈다. 제3연에서는
과거를 재발견하는 탐구를 하자고 했다. 제4연에서는 과거의
역사에 숨어 있는 보물들의 잔해라도 가져와 불행한 조국이 되

살아나게 하는 것이 자기의 소망이라고 했다.

제2연에서 "독수리의 날개가 마침내 쇠사슬에 묶이고/ 저열한 먼지 구덩이에서 굴욕을 겪다니요"라고 한 말로 식민지가 된 참상을 처절하게 나타냈다. 제3연에서 "시간의 심연에 뛰어들게 해주세요"라고 하면서 인도의 오랜 역사에서 소생을 위한 저력을 찾는다고 했다. 제1연에서 말한 지난 시기 인도의 영광이 제4연에서는 건져 올려야 할 보물로 남아 있다고 했다. "누구도 보지 못한 그 보물들"이라고 하면서 인도의 전통문화는 독보적인 가치를 가진다고 일렀다.

아버지는 인도인과 포르투갈인의 혼혈이고, 어머니는 영국인인 이 시인이 조국 인도를 위해 헌신한 사실에 대해 좀 더 생각해보자. 타고르(Rabindranath Tagor)의 소설 《고라》(Gora, 1910)에서 말한 바가 도움이 된다. 이 소설의 주인공은 인도 민족운동의 열렬한 투사인데, 아버지가 임종 때 혈통에서는 인도인이 아닌 출생의 비밀을 밝혀 큰 충격을 받았다. 분노한 인도인들이 폭동을 일으켜 영국인을 살해할 때 피신한 아일랜드인 영국군 병사의 아내가 아들을 낳고 세상을 떠나, 그 아이를 아버지가 맡아 양육했다고 말했다. 이 일을 알게 된 고라는 식민지 통치에서 벗어나는 인도의 해방이 인종이나 국가의 구분을 넘어서서 인류 전체를 위하는 숭고한 과업임을 더 크게 깨달았다고 술회했다.

인도인은 인도를 섬기고 영국인은 영국을 섬기는 것이 팔이 안으로 굽어 각자 자기를 위하는 짓이니 피장파장이라고 할 수 없다. 피해자인 인도는 섬겨야 하고, 가해자인 영국은 나무라야 한다. 인도 섬기기는 다른 여러 곳 피해자 동지들뿐만 아니라, 생각을 바르게 하는 모든 사람의 공동 과업이다. 가해에는 경쟁만 있어 영국 섬기기를 함께 할 동지는 없으며, 가해자를 상전으로 섬기는 것은 노예나 하는 짓이다. 인도는 섬기고 영국은 나무라 인류가 대등한 관계를 가지고 평화롭게 살도록 해야 한다. 이 말은 모든 피해와 가해에 그대로 적용된다. 누구나 해야 할 일을 먼저 발설해 미욱한 사람들을 깨우쳐주는 것이 시인의 임무이다.

아라공Louis Aragon, 〈**나는 나의 프랑스를 찬양한다**Je vous salue ma France〉

Lorsque vous reviendrez car il faut revenir
Il y aura des fleurs tant que vous en voudrez
Il y aura des fleurs couleur de l'avenir
Il y aura des fleurs lorsque vous reviendrez

Vous prendrez votre place où les clartés sont douces
Les enfants baiseront vos mains martyrisées
Et tout à vos pieds las redeviendra de mousse
Musique à votre cœur calme où vous reposer

Haleine des jardins lorsque la nuit va naître
Feuillages de l'été profondeur des prairies
L'hirondelle tantôt qui vint sur la fenêtre
Disait me semble-t-il Je vous salue Marie

Je vous salue ma France, arrachée aux fantômes !
Ô rendue à la paix ! Vaisseau sauvé des eaux···
Pays qui chante : Orléans, Beaugency, Vendôme !
Cloches, cloches, sonnez l'angélus des oiseaux !

Je vous salue, ma France aux yeux de tourterelle,
Jamais trop mon tourment, mon amour jamais trop.
Ma France, mon ancienne et nouvelle querelle,
Sol semé de héros, ciel plein de passereaux···

Je vous salue, ma France, où les vents se calmèrent !
Ma France de toujours, que la géographie

Ouvre comme une paume aux souffles de la mer
Pour que l'oiseau du large y vienne et se confie.

Je vous salue, ma France, où l'oiseau de passage,
De Lille à Roncevaux, de Brest au Montcenis,
Pour la première fois a fait l'apprentissage
De ce qu'il peut coûter d'abandonner un nid !

Patrie également à la colombe ou l'aigle,
De l'audace et du chant doublement habitée !
Je vous salue, ma France, où les blés et les seigles
Mûrissent au soleil de la diversité···

Je vous salue, ma France, où le peuple est habile
À ces travaux qui font les jours émerveillés
Et que l'on vient de loin saluer dans sa ville
Paris, mon cœur, trois ans vainement fusillé !

Heureuse et forte enfin qui portez pour écharpe
Cet arc−en−ciel témoin qu'il ne tonnera plus,
Liberté dont frémit le silence des harpes,
Ma France d'au−delà le déluge, salut !

그대가 반드시 되돌아오는 날이면
그대가 바라는 꽃이 피리라.
미래의 색깔을 지닌 꽃이 피리라.
그대가 되돌아오면 꽃이 피리라.

그대는 광채가 부드러운 자리에 앉으리라.
아이들이 순교자인 그대 손에 입 맞추리라.
모든 것이 그대 지친 발밑의 이끼가 되리라.
조용한 음악이 그대의 마음을 쉬게 하리라.

밤이 되려고 할 때 정원의 숨결,
깊은 여름 날 들판의 나뭇잎,
이따금 창가로 날아오는 제비가
나의 조국 찬양을 확인한다.

나는 그대 프랑스의 유령 해방을 찬양한다.
평화가 되돌아오는구나, 물결에서 구출된 배…
노래 부르는 나라: 오를레앙, 보장시, 방돔!
울려라, 울려라 새들이여 삼종 소리를 울려라.

나는 그대 프랑스를 멧비둘기의 눈으로 찬양한다.
고통이 더할 나위가 없고, 사랑도 으뜸이구나.
나의 프랑스, 오래된 탄식, 새로운 탄식의 나라에
땅에는 영웅들이, 하늘에는 참새떼가 가득하구나…

나는 그대 바람이 조용해지는 프랑스를 찬양한다.
나의 영원한 프랑스가, 지도를 보아라.
바다에서 부는 미풍에 손바닥처럼 펼쳐져 있다.
커다란 새가 멀리서 날아와 몸을 맡기게 한다.

나는 그대 프랑스를 찬양한다. 이동하는 새들이
리으에서 롱스보까지, 브레스트에서 몽상니까지
돌아오면서, 살고 있던 둥지를 버리고 떠나면
어떤 대가를 치르는지 처음 경험하고 알았다.

비둘기의 조국이면서 독수리의 조국인 이 나라,
용맹을 떨치면서 평온한 노래를 부르기도 하는
나는 그대 프랑스를 찬양한다. 이 나라의 강토
다양성의 태양 아래서 밀과 호밀이 익어간다…

나는 그대 프랑스를 찬양한다. 놀라운 나날
맞이하는 운동을 능숙하게 추진하는 사람들.
멀리서도 찬양하러 오는 내 심장 파리여,
그대는 삼년 동안이나 공연히 총질을 당했구나.

이제 행복하고 굳건해져라. 무지개를 목에 두른
그대가 천둥이 더 치지 않는다는 증인이 되어라.
침묵하는 하프가 울리게 하는 자유의 나라,
나의 프랑스여, 홍수를 이겨내고 축복받으라.

아라공은 프랑스의 현대시인이다. 1943년 프랑스가 나치 독일에게 점령되어 통치를 받을 때 이 시를 지어 비밀 출판한 시집에 수록했다. "vous"(그대)라고 부르는 조국 프랑스에게 하는 말을 이어나갔다. 프랑스가 나치 독일의 지배에서 해방되기를 염원하고, 해방을 위해 투쟁하자고 했다.

제1연에서 되돌아온다는 것은 나치 독일의 지배에서 해방된다는 말이다. 꽃은 해방된 프랑스의 번영과 행복을 말한다. 제2연의 "아이들"은 장래의 국민이다. "이끼"는 지친 발을 편안하게 해주면서 물기를 제공하는 것이다. 이런 식의 상징어가 계속 사용되었다.

제3연은 의미 전달을 쉽게 하기 위한 대담한 의역이다. 원문을 직역하면 "정원의 숨결", "들판의 나뭇잎", "날아오는 제비" 같은 것들이 "내가 성모 마리아를 찬양하는 것 같다고 말한다"이다. "성모 마리아"는 프랑스를 말한다. 프랑스는 성모 마리아처럼 신성하고, 나약한 것 같지만 위대한 힘을 지닌다고 여겨 사용한 말이다. "내가...찬양하는 것 같다고 말한다"는 내가 성모 마리아(프랑스)를 찬양하는 것을 목격하고 확인한다는 말이다. "정원의 숨결", "들판의 나뭇잎", "날아오는 제비" 같은 것들이 "나"의 찬양에 동참한다는 의미도 있다.

제4연의 "유령"은 나치 독일이다. 나치 독일의 점령에서 해방되는 것을 "유령 해방"이라고 했다. "구출된 배"도 프랑스를 말한다. "오를레앙, 보장시, 방돔"은 프랑스의 특색을 지닌 고풍스러운 도시이다. "삼종"은 가톨릭교회에서 하루에 세 번 치는 종이다. 새들이 삼종을 울리듯이 울라고 했다. 제5연의 "참새"는 길조이다. 참새떼가 하늘을 덮듯이 영웅들이 땅을 덮는다고 했다.

제7연의 "돌아오는 새들"은 귀환하는 동포이다. "리으"와 "브레스트"는 북쪽 해안에, "롱스보"와 "몽상니"는 내륙에 있는 도시이다. 제8연의 "이 나라의 강토"는 행의 길이를 맞추기 위해 넣은 말이다. "다양성의 태양"은 프랑스가 다양성 존중을 신념으로 삼는다는 뜻이다. 제10연의 "무지개"는 프랑스의 삼색기를 말한다.

에드워즈Demeter Edwards, 〈자마이카, 우리 조국Jamaica our native land〉

Have you forgotten your native land, the days when our
    ancestors sweat and harvest?
crop with their hands, Jamaica our black Negro land
the name itself is a brand

Have you forgotten the Jamaican national bird, our charming
    doctor bird?
can you remember that national dish we call ackee and saltfish
out of many one people, Jamaica human race, a land, a
wonderful place where human beings express their smile on
    their happy face

Have you forgotten the national heroes who fought for us and
    thus who died
for us, can you remember this all, these seven national heroes

and one heroine who
stood tall, although our country was small
these were the one's who made it remain still and not fall

The last sentence in the national anthem I shall recall
Jamaica, Jamaica, Jamaica land we love
created by the heavenly father above.

너는 우리 조국을 잊었는가?
우리 선조들이 땀 흘리고 곡물을 추수하던 나날을 잊었는가?
우리 자마이카 흑인의 나라,
그 이름이 널리 알려진 브랜드이다.

너는 나라 새, 매혹적인 벌새를 잊었는가?
너는 우리 음식 애키와 솔트피쉬를 기억하는가?
수많은 국민 가운데, 자마이카 사람들은 국토와 함께 멋지다.
행복한 얼굴에 미소를 짓는다.

너는 우리를 위해 싸우다가 죽은 나라의 영웅들을 잊었는가?
너는 여덟 분 남자 영웅, 한 분 여자 영웅이 우뚝 선 것을
  기억하는가?
우리나라는 비록 작지만,
그 분들이 만들어 아직 건재하고 망하지 않는다.

국가의 마지막 대목을 부르겠다.
자마이카, 자마이카, 자마이카, 우리가 사랑하는 이 나라는
저 위 하늘에 계신 아버지가 창조하셨다.

에드워즈는 자마이카 시인이다. 흔히 있는 조국 찬가를 지
었지만, 자만의 사설을 늘어놓은 것과는 거리가 멀다. 보잘 것
없다고 여길 수 있는 흑인의 나라를 스스로 사랑하자고 하고,

해방 투쟁의 영웅들을 잊지 말자고 해서 널리 공감을 얻는다.

자기 나라를 사랑하자고 하면서 특이한 것들을 들었다. 나라 새라고 한 "doctor bird"는 서인도제도에서 사는 벌새의 일종이다. "애키와 솔트피쉬"(ackee and saltfish)는 애키라는 과일과 절인 생선을 함께 먹는 식사이다.

라베만안자라Jacques Rabemananjara, 〈**안트사**Antsa〉

Ile !
Ile aux syllabes de flammes !
Jamais ton nom
Ne fut plus cher à mon âme !
Ile,
Ne fut plus doux à mon cœur !
Ile aux syllabes de flamme,
Madagascar !

Quelle résonnance !
Les mots
fondent dans ma bouche :
Le miel des claires saisons
Dans le mystère de tes sylves,
Madagascar !

Je mords la chair vierge et rouge
Avec l'âpre ferveur
Du mourant aux dents de lumière
Madagascar !

Un viatique d'innocence
dans mes entrailles d'affamé,
Je m'allongerai sur ton sein avec la fougue

du plus ardent de tes amants,
du plus fidèle,
Madagascar !

Qu'importent le hululement des chouettes
le vol rasant et bas
des hiboux apeurés sous le faîtage
de la maison incendiée ! oh, les renards,
qu'ils lèchent
leur peau puante du sang des poussins, du sang auréolé des
 flamants—roses !
Nous autres, les hallucinés de l'azur,
nous scrutons éperdument tout l'infini de bleu de la nue,
Madagascar !

섬나라!
불타는 음절들로 부르는 섬나라!
네 이름보다 더 다정하게
내 마음에 와 닿는 것은 없다.
섬나라,
너보다 내 가슴에 더 감미로운 것은 없다!
불타는 음절들로 부르는
마다가스카르여!

어떤 울림인가!
그 말들이
내 입에다 가져다준다,
깨끗한 계절의 꿀을.
숲의 신비 속에 있는
마다가스카르여!

나는 순결하고 붉은 살점을 씹는다.

강렬한 정열로,
광채 나는 이빨들 사이에서 죽어가면서.
마다가스카르여!

순수한 길양식이여,
내 굶주린 배를 채워다오.
네 가슴에 나는 몸을 눕힌다,
사랑으로 고조된 열기를
더욱 충실하게 지니고.
마다가스카르여!

울부짖는 올빼미떼는 상관없다.
땅을 스치듯이 날아가는
겁먹은 부엉이들도,
불타버린 집 마룻대 아래로 날아가는.
여우의 무리도 상관없다.
피묻은 물고기의 악취 나는 살갗, 홍학들이 흘려 번쩍이
  는 피를 핥는 녀석들.
우리는 사람이 달라 저 창공에 매혹되어,
푸르고 투명해 무한한 것을 열렬하게 추구한다.
마다가스카르여!

　라베만안자라는 마다가스카르의 정치인이고 시인이다. 프랑
스에서 공부하고 시를 써서 발표하기 시작했다. 1947년에 독
립을 위한 무장봉기를 주동했다가, 사형 선고를 받고 투옥되
어 1956년에야 석방되었다. 그 다음 해에 마다가스카르가 독
립하자 국회의원·장관·부통령이 되었다. 1972년에 정변이
일어나 프랑스에서 망명 생활을 하다가 세상을 떠났다.

　"안트사"는 식민지 시대 이전 마다가스카르 왕국의 조직을 일
컫는 말이다. 민족 전통에 대한 애착을 나타내려고 선택했다.

이 제목을 가진 시집을 1947년에 옥중에서 써서 출판했다가, 1956년 파리에서 다시 냈다. 시집에 수록한 작품이 모두 같은 제목을 지닌 연작이다. 그 가운데 하나를 들었다. 제1연에서 자기 나라 마다가스카르를 "섬나라", "불타는 음절들로 부르는 섬나라"라고 했다. 나라 이름을 부르는 감격을 나라 이름이 "불타는 음절들로" 이루어져 있다고 하는 말로 나타냈다. 제2연에서 "어떤 울림인가"라고 한 것은 "마다가스카르라는 이름을 부르면 그 소리가 어떤 울림으로 들리는가, 아름다운 울림이 아닌가"라고 한 말이다. 그 다음 구절은 쉽게 이해된다.

제3연에서 "나는 순결하고 붉은 살점을 씹는다. 강렬한 정열로, 빛나는 이빨들 사이에서 죽어가는 사람처럼"이라고 한 것은 무슨 말인가? 문자 그대로 받아들이면 전혀 말이 되지 않으니, 상징으로 해독하고 숨은 의미를 찾아야 한다. "붉은 살점"은 태양이고, "광채나는 이빨들"은 태양 광선이라고 보는 것이 어떨까? 태양을 삼키고, 강렬한 태양 광선을 받고 죽어간다고 한 것 같다. 태양을 삼키는 것 같은 열정을 가지고, 강렬한 태양 광선을 받으며 죽어가는 것 같은 희생을 각오하고 투쟁하겠다"는 말을 압축된 어법으로 전달해 충격을 키웠다고 할 수 있다.

제4연은 바로 알 수 있다. 조국 마다가스카르가 허기진 배를 채워주는 길양식이라고 한 것은 적절하다. 조국을 양식으로 삼아 길을 가야 한다. 사랑으로 고조된 열기를 더욱 충실하게 지니고 조국의 품에 안기겠다고 한 말에도 쉽게 공감할 수 있다. 나라를 사랑해 얻을 기쁨과 보람을 잘 나타냈다. 제5연에서 말한 올빼미, 부엉이, 여우 따위는 식민지 통치자라고 생각된다. 이제는 불타버린 집 마룻대 아래로 낮게 날면서 물러나려고 하지 않고 비겁하게 굴면서, 더러운 피나 빨아 미련을 버리지 못하고 이권에 집착하는 녀석들의 추악한 모습을 그렸다. "우리는 사람이 달라 저 창공에 매혹되어, 푸르고 투명해 무한한 것을 열렬하게 추구한다"는 것은 오욕의 역사를 청산하는 독립 선언이다. 식민지 통치자들과 결별하고 새로운 역사를 창조하려고 하는 고결한 이상을 말했다.

케이타Fodéba Keïta, 〈졸리바의 노래Chanson du Djoliba〉

Djoliba! Djoliba! Nom combien évocateur!
Descendu des derniers contreforts du Fouta−Djalon, tu viens
　　　　t'associer, généreux et fécond, à la vie du paysan de
　　　　Guinée.
C'est toi qui, à travers d'innombrables méandres, apportes
　　　　discrètement à chacune de nos plaines un message
　　　　de Paix et de prospérité.
Tu t'es prodigué à cette terre de latérite et de grès pour que
　　　　vive toute une race.
Les bergers qui, chaque jour, promènent leurs troupeaux le
　　　　long de tes bords verdoyants, te vénèrent tous
et dans leur solitude te chantent sans relâche.
Juchés sur les miradors de bambou, au milieu de vertes rizières
　　　　qui s'étendent à perte de vue, dans les vastes plaines
que tu as fertilisées, les enfants, torse nu et maniant la fronde,
　　　　fredonnent tous les matins ta chanson, la chanson du
　　　　Djoliba.
Coule donc, Djoliba, vénérable Niger, suis ton chemin à
　　　　travers le monde noir et accomplis ta généreuse mission.
Tant que tes filets limpides rouleront dans ce pays, les greniers
ne seront jamais vides et chaque soir les chants fébriles
s'élèveront au−dessus des villages pour égayer le peuple africain.
Tant que tu vivras et feras vivre nos vastes rizières, tant que
　　　　tu fertiliseras nos champs et que fleuriront nos plaines,
nos Anciens, couchés sous l'arbre à palabres, te béniront toujours.
Coule et va plus loin que toi−même à travers le monde entier,
　　　　étancher la soif des inassouvis, rassasier les insatiables
et apprendre à l'Humanité que le bienfait désintéressé est le
　　　　seul qui, absolument, signifie.

졸리바! 졸리바! 얼마나 매혹적인 이름인가!

푸타-잘론 산맥의 마지막 봉우리들에서 발원해, 너는
　　　　기니 농민의 삶을 풍요롭게 하려고 너그럽게
　　　　다가온다.

너는 수많은 굴곡을 거쳐 우리 평야 곳곳에 평화와 번영
　　　　의 소식을 은근하게 전해준다.

너는 모든 사람을 살리려고, 홍토(紅土)와 사암(砂巖)인
　　　　이 땅으로 온다.

목동들이 가축을 몰고 날마다 푸른 강가로 가면서 누구
　　　　나 너를 존경하고, 외로우면 줄곧 너의 노래를
　　　　부른다.

아이들은 네가 풍요롭게 하는 넓은 평야 끝없이 펼쳐진
　　　　논 가운데 대나무 망루에 올라앉아,

웃통을 벗고 풀피리를 불면서, 매일 아침 너의 노래,
　　　　졸리바 강의 노래를 흥얼거린다.

흘러라, 졸리바여! 거룩하고 위대한 강이여, 검은 세계를
　　　　가로질러 흘러 너의 자비로운 사명을 완수해라.

너의 투명한 그물이 이 나라에서 펴져 나가는 동안에는
　　　　곡식 창고가 비지 않고,

열띤 노래가 저녁마다 마을마을 위로 울려 아프리카인
　　　　을 흥겹게 한다.

네가 살아 있고, 넓게 펼쳐진 논을 살리는 동안에는,
　　　　우리의 들을 기름지게 하고, 우리의 평원에서
　　　　꽃을 피운다.

우리 선조들이 모정(茅亭) 나무 밑에 웅크리고 앉아 너를
　　　　줄곧 축복하리라.

흘러라, 멀리 가라, 온 세상 어디까지라도 가서

충족되지 않은 갈증을 달래주고, 불만을 채워주고,

이해관계가 없는 선행만 절대적으로 소중하다고 인류에게
　　　　알려주어라.

케이타는 아프리카 기니의 현대시인이다. 작가, 무용가, 작곡가 등으로 다방면에 걸쳐 활동했다. 프랑스에서 공부하고 돌아와 여러 방면에 걸친 예술 활동을 하다가, 독립 운동에 참여하고 1956년의 초대 내각에 입각해 국방과 치안을 담당하는 장관이 되었다. 정쟁에 휘말리어 실각하고 자기가 만든 강제수용소에 수용되었다가 처형되었다.

이 시는 평온한 시기에 지은 것 같다. 정치와는 거리를 두고 자연을 노래하고, 투쟁을 하자고 하지 않고 평화를 말했다. 시상의 전개를 이해하기 쉬워 까다롭게 분석하는 수고가 필요하지 않다. 그러나 의미 확대가 단계적으로 이루어지는 것은 놓치지 말고 살펴야 한다. 번역과 관련시켜 몇 가지 보충설명이 필요하다.

"졸리바"는 강 이름이다. 졸리바 강이 농사짓는 물을 공급해 삶을 풍요롭게 하며 마음을 평화롭고 평온하게 해서, 나라 사랑의 구심점이 된다고 했다. "검은 세계를 가로질러 흘러 너의 자비로운 사명을 완수해라", "열띤 노래가 저녁마다 마을마을 위로 울려 아프리카인을 흥겹게 한다"고 한 데서는 졸리바 강이 기니를 넘어서 아프리카인의 강이라고 했다.

그러다가 "온 세상 어디까지라도 가서", "이해관계가 없는 선행만 절대적으로 소중하다고 인류에게 알려주어라"고 하는 데 이르면, 졸리바 강이 인류를 구원하는 사명을 일깨워준다고 했다. 기니의 강인 졸리바 강이 아프리카의 강이고 인류의 강이라고 했다. 강의 흐름이 확대된다는 말은 아니다. 졸리바 강을 본받아 자기 나라 기니 사람들이 기른 정신이 아프리카를 위해, 인류를 위해 크게 기여해야 한다고 한 말이다.

"maniant la fronde"는 직역하면 "양치류의 잎을 소삭하면서"인데, 잎을 조작해 소리를 낸다는 말이 아닌가 해서 "풀피리를 불면서"라고 번역했다. "vénérable Niger"라고 한 "Niger"는 강 이름이기도 하지만, 말뜻이 "위대한 강"이므로, 이 구절을 "거룩하고 위대한 강"이라고 옮겼다. "palabre"는 아프리카인이 모여서 회의를 하는 장소이다. 전라도에서 "모정(茅亭)"이라고 하는 곳이 이와 같다. 아프리카에서는 모정에 모여 회의를 하던 선조들이 죽은 뒤에도 남아 마을 수호신 노릇을 한다고 여긴다.

단크와Solomon Dankwa, 〈**아프리카**Africa〉

Africa, my motherland.
The home of my forefathers,
Who were as ignorant as children.
But were as industrious as wild beavers.
They call themselves Africans.

Africa.
The land of assiduous beings,
Whose skin as coal.
But their masters' as snow.
How good were they at playing that game called slavery
With the then blindfold blacks.

Oh! Mama Africa.
Behold how fantastically majestic
You look on your throne.
Crowned by the sun
Some millennia back.
With your other five associates
exhibiting some kind of curtsy,
When they see you swagger
Though they feel to stagger.

Africa.
The land of honey and milk indeed.

The land of money and silk not in need.
Civilization started in Africa.
Victimization altered in Africa.
Nought sought when it fought not.
Rather taught how it thought.

Africa!
A place of haven.
Yet not heaven.
A place of dainty nature.
Yet not in saintly feature.
There ingenious and gifted Homo Sapiens,
Emanates from nowhere.
Animals and green plants,
Emerging from somewhere.

Where was I at that time?
Where were you at that time?
Mama Africa.
God bless you.
And your people,
God bless Africans!

아프리카, 내 어머니 나라.
조상들이 살아온 고장,
어린아이처럼 몽매하지만
야생 비버처럼 부지런한 그분들이
스스로 아프리카인이라고 했다.

아프리카.
열심인 분들의 고장,
살색이 석탄 같은데,
주인은 눈처럼 희구나.

노예 노릇을 하면서 좋은 일을 얼마나 했나,
눈을 가리고 있는 검둥이 신세로.

오! 어머니 아프리카,
왕좌에 앉아 있는 모습
얼마나 놀랍고 당당한가.
햇빛의 왕관을 쓰고,
몇 천 년을 뒤에 두르고,
각기 예의를 갖추고 있는
다섯 동료를 동반자로 삼고,
활보하는 것을 보여주면서,
담보한다고 여기는데.

아프리카.
꿀과 젖이 넘치게 있는 고장,
돈과 옷은 없어도 되는 고장.
문명은 아프리카에서 시작했다.
수난이 아프리카에서 변이했다.
싸움을 하지 않으면 얻을 것이 없다지만,
생각을 어떻게 해야 하는지 가르쳐주었다.

아프리카!
하늘에 있는 곳.
아직 하늘은 아니다.
자연이 거룩한 곳.
아직 거룩하지는 않다.
영리하고 재주 많은 호모 사피엔스
다른 데서 온 것은 아니다.
동물이나 푸른 식물들도
어디선가 나타나고.

나는 그때 어디 있었나?
당신은 그때 어디 있었나?
어머니 아프리카여,
신이 당신을 축복한다,
당신의 백성도,
신이 아프리카 사람들을 축복한다.

단크와는 아프리카 가나의 시인이다. 이 시에서 셍고르가 〈탕아의 귀가〉에서 말한 고민을 해결하고자 했다. 자기 나라의 범위를 넘어서서 아프리카로 돌아가는 귀향을 완결했다. 어디로 떠났던 것은 아니다. "motherland"(어머니 나라)이고, "The home of my forefathers"(조상들의 고장)이라고 한 아프리카에 있었다. 고향을 아버지나 어머니의 고장이라고 하는 데 그치지 않고, 조상과의 만남을 소중하게 여긴 것이 다른 여러 작품과 같다. 그런데 돌아가기 위해 이동을 하지는 않고 생각을 바꾸어 아프리카의 가치를 발견하고 예찬하는 것을 정신적 귀향으로 삼았다. 자기 고장이나 자기 나라를 특별히 내세우지 않고 아프리카 전체가 고향이라고 해서 정신적 귀향을 확대하고 심화했다. 위축된 심정을 나타내는 구김살을 걷어내고 당당하기만 한 발언을 자랑스럽게 했다.

노예 노릇을 하던 수난을 회고했다. 아프리카가 수난 이전의 몇 천 년 역사를 이어받아 이제 당당한 모습을 하고 활보하는 것을 다른 여러 대륙에서 보고 있다고 했다. 아프리카의 특징을 자랑했다. 아프리카는 자연의 혜택을 풍부하게 누려 인공의 조작이 필요하지 않고, 문명이 시작되었을 뿐만 아니라 수난에 대처하는 슬기로운 방법을 가르쳐주는 곳이라고 하는 요지의 발언을 적절한 표현을 갖추어 나타냈다.

제5연에서는 아프리카의 이상이 아직 실현된 것은 아니라고 했다. 제6연에서 "그때 어디 있었나?"라고 한 "그때"는 뜻하는 바가 모호해 여러 가지 추측을 할 수 있으나, 자기와 어머니 아프리카가 헤어져 있던 시기라고 보는 것이 적절하다. 헤어져 있던 시기가 끝나고 이제는 만나는 것을 축복하자고 했다.

이 시를 자기 말이 아닌 영어로 쓴 것은 잘못이라고 할 수 없다. 아프리카 사람들이 함께 사용하는 공통어는 없어 영어를 사용해야 널리 알려질 수 있다. 영어를 아프리카 말처럼 사용하려고 했다. 비슷한 어구를 이것저것 이으면서 시상을 전개하는 것이 아프리카의 어법이라고 생각된다. 번역하기 아주 어려워 근사치라도 찾으려고 애썼다. 제3연에서 짝을 이룬 "swagger/ stagger"는 "활보/ 답보"라고 옮겼다. 제4연에서 "The land of honey and milk indeed/ The land of money and silk not in need"라도 한 것은 줄 전체가 절묘한 대구이다. "꿀과 젖이 넘치게 있는 고장/ 돈과 옷은 없어도 되는 고장"이라고 해서 가까스로 다가갔다. "Nought sought when it fought not/ Rather taught how it thought"라고 한 것도 절묘한 언어 구사이다. "싸움을 하지 않으면 얻을 것이 없다지만/ 생각을 어떻게 해야 하는지 가르쳐주었다"고 해서 근처까지는 가려고 했다.

아프리카 특유의 수법을 활용해 표현을 응축했어도, 이 작품에서 하는 말은 시답지 않고 산문에 가까워졌다. 실향을 귀향으로 해결한다고 결론을 내려, 고향에서 고국으로, 고국에서 대륙으로 확대한 그리움의 대상을 찾아 즐거움을 누린다고 자랑했다. 모든 소망이 다 이루어진 것은 아니지만, 실향의 슬픔이나 고통은 없어지고 귀향해 맞이하는 장래를 낙관했다. 이런 말은 동의할 수는 있어도 감동을 주지 않는다. 귀향시가 되면서 실향시는 의의가 없어진다. 어떤 소망이든지 완결되면 사명이 끝나 무용하게 되는 것이 당연한 이치이다.